"十四五"全国统计规划教材
国家统计局统计继续教育系列培训教材

基本单位统计与经济普查实务

国家统计局统计继续教育系列培训教材编委会 编

中国统计出版社
China Statistics Press

图书在版编目(CIP)数据

基本单位统计与经济普查实务 / 国家统计局继续教育系列培训教材编委会编. —— 北京 ：中国统计出版社，2024. 12. ——（国家统计局统计继续教育系列培训教材）.
ISBN 978－7－5230－0623－8

Ⅰ. C833，F123

中国国家版本馆 CIP 数据核字第 2025S1X471 号

基本单位统计与经济普查实务

作　　者/国家统计局继续教育系列培训教材编委会
责任编辑/罗　浩
封面设计/黄　晨
出版发行/中国统计出版社有限公司
通信地址/北京市丰台区西三环南路甲 6 号　邮政编码/100073
发行电话/邮购(010)63376909　书店(010)68783171
网　　址/http://www.zgtjcbs.com
印　　刷/河北鑫兆源印刷有限公司
经　　销/新华书店
开　　本/710mm×1000mm　1/16
字　　数/170 千字
印　　张/12.75
版　　别/2025 年 2 月第 1 版
版　　次/2025 年 2 月第 1 次印刷
定　　价/42.00 元

《基本单位统计与经济普查实务》

编写组

主　　编： 何　平

副 主 编： 武　洁　王伟宇　张丽娟　李　爽

编写人员： 王　冠　张懿飞　邹　婷　张　铎
彭　怡　石寒雨　陆景辉　郭静静
刘　敏　朱　娜　周乐章　余　佳
王　琳　杜芳芳　雷　婷　孟　丹
张家宁　李珊珊　金　星　任　旭
魏　坤

出版说明

统计工作是经济社会发展的重要综合性基础性工作，强化统计基层基础建设，是推动统计现代化改革和高质量发展的一项重要工作，统计继续教育培训是提高基层统计工作人员的业务素质和能力的重要途径，适应统计改革发展新形势新要求，编写统一、规范的统计继续教育系列培训教材尤为必要。

为深入贯彻党的二十大关于“统筹职业教育、高等教育、继续教育协同创新，加强教材建设和管理”的精神，进一步落实《“十四五”时期统计现代化改革规划》关于“编写实用的统计干部培训教材，提高教育培训的针对性、实效性”工作部署，统计继续教育系列培训教材编委会组织编写了《国家统计局统计继续教育系列培训教材》。本系列教材列入“十四五”全国统计规划教材，按专业设置20个分册，涵盖统计在岗从业者应知应会内容，力求贴近统计工作实际，反映工作中遇到的问题并予以解答。在写法上力求创新，具有针对性、适应性、工具性，以案例分析为导向，内容力求简明扼要，通俗易懂，契合统计从业者提高工作能力、完善统计知识结构的现实需求。望此书能为广大统计工作者进一步提升统计工作能力和水平，助力统计现代化改革和高质量发展提供帮助。

本系列教材在编写过程中，得到了国家统计局各单位的大力支持，在此表示诚挚的谢意。

统计继续教育系列培训教材编委会

2024年1月

前　言

统计基本单位名录库自1996年开始建设，经过20多年的发展完善，在统计工作中发挥着越来越重要的基础作用。作为法人单位和产业活动单位的“户籍”档案库，统计基本单位名录库为各类以单位为对象的普查和调查提供调查单位名录和抽样框，是统计调查体系的基础信息库，也是国内生产总值(GDP)核算的基础依据。

统计基本单位名录库主要利用全国经济普查结果进行全面更新。经济普查是我国政府统计部门开展的三大普查之一，我国已在2004年、2008年、2013年、2018年和2023年分别开展了五次全国经济普查。通过开展全国经济普查，建立了完整覆盖国民经济各行业的基本单位名录库，摸清了我国各类单位的基本情况，对夯实统计基础、优化统计调查制度方法、提高统计数据质量具有重要作用。

党中央、国务院高度重视统计工作，党的二十届三中全会作出“加强产业活动单位统计基础建设”“优化总部和分支机构统计办法”“逐步推广经营主体活动发生地统计”等统计改革目标任务，为做好新时代统计工作提供了根本遵循。经济普查和统计基本单位名录库建设作为政府统计工作的重要基础，在经济社会发展中将进一步发挥“测量仪”“指示器”作用，为进一步全面深化统计改革、推进国家治理体系和治理能力现代化提供坚实统计信息支撑。

为使读者全面、深入地了解统计基本单位名录库建设和经济普查工作,我们编写了《基本单位统计与经济普查实务》。全书共分 6 个部分,从基本单位统计的基础理论出发,对基本单位名录库的管理与维护、数据质量控制、地理信息应用以及统计资料的开发应用进行了详尽的介绍说明,并结合我国历次经济普查实践系统介绍经济普查的组织实施、业务流程等内容,希望能帮助读者更好地理解和掌握相关知识。

国家统计局普查中心、教育中心、中国统计出版社有限公司参与了本书的内容撰写、审校、出版等工作,在此谨向给予本书编写帮助和支持的所有人员致以最诚挚的感谢! 由于时间仓促,加之编者水平所限,书中难免有疏漏和欠妥之处,敬请广大读者批评、指正!

目　录

第一章　基本单位统计概述

第一节　基本概念 …… 1
第二节　基本单位统计的对象 …… 2
第三节　基本单位统计的主要指标 …… 15

第二章　基本单位名录库的管理与维护

第一节　基本单位名录库概况 …… 24
第二节　基本单位名录库维护更新 …… 28
第三节　调查单位维护与管理 …… 37
第四节　统计机构职责分工 …… 42
第五节　行业代码智能赋码 …… 46

第三章　数据质量控制

第一节　名录库数据质量的维度 …… 49
第二节　基本单位数据质量控制的手段 …… 51
第三节　调查单位数据质量控制的手段 …… 55

第四章　地理信息应用

第一节　地理信息的含义 …… 60
第二节　地理信息的应用场景 …… 62

第五章　基本单位资料的开发应用

第一节　基本单位资料开发应用概述 …………………… 74
第二节　基本单位资料的主要内容及特点 ……………… 78
第三节　常见案例分析方法及分析视角 ………………… 87

第六章　经济普查

第一节　经济普查的目的和意义 ………………………… 123
第二节　我国经济普查实践 ……………………………… 126
第三节　经济普查的主要内容 …………………………… 134
第四节　经济普查的主要流程 …………………………… 135
第五节　经济普查的组织实施 …………………………… 145
第六节　经济普查的数据质量控制 ……………………… 150
第七节　坚持依法普查 …………………………………… 155

附录

附录 1　统计调查单位临时代码编码规则(GB/T 4754—2017)… 166
附录 2　三次产业划分规定 ……………………………… 169
附录 3　统计用区划代码和城乡划分代码编制规则 ………… 174
附录 4　关于市场主体统计分类的划分规定 ……………… 179
附录 5　市场主体登记注册类型与统计类别对照表 ……… 181
附录 6　全国经济普查条例 ……………………………… 187

第一章　基本单位统计概述

第一节　基本概念

一、基本单位

基本单位指在我国境内拥有一定活动场所并从事一定生产活动的社会经济单位。基本单位与个体经营户共同构成经济社会活动的细胞和载体，成为政府宏观调控体系中最基本的单元。基本单位按其作用和性质不同划分为法人单位和产业活动单位。

法人单位是指有权拥有资产、承担负债，并独立从事社会经济活动（或与其他单位进行交易）的组织；产业活动单位是法人单位的组成部分，是指位于一个地点、从事一种或主要从事一种社会经济活动的组织或组织的一部分。

二、基本单位名录库

基本单位名录库是所有法人单位、产业活动单位基本信息的数据库。主要内容包括统一社会信用代码、单位详细名称、法定代表人（负责人）、所在地址和区划、联系电话、行业类别、运营状态、机构类型、登记注册统计类别、企业控股情况等信息。见图 1.1 所示。

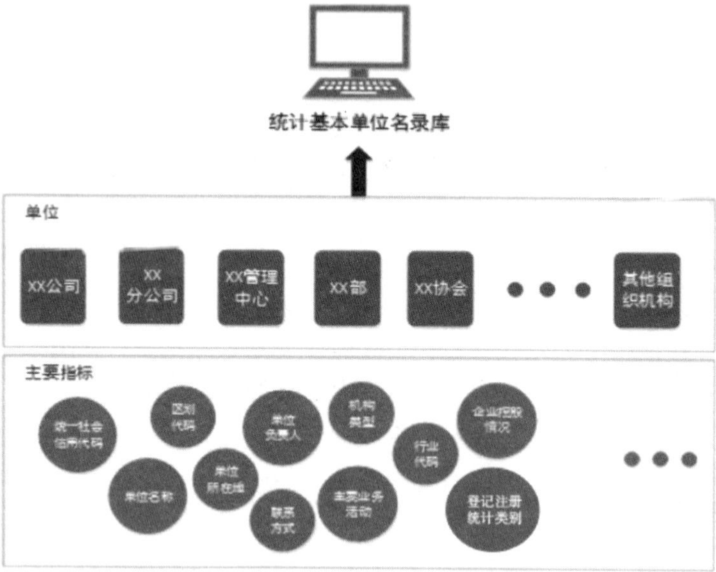

图 1.1　统计基本单位名录库的内容

三、基本单位统计调查

基本单位统计调查的范围是辖区内规模较大企业、非企业及利用部门行政资料无法生成相应信息的单位，其调查结果可作为基本单位名录库的维护更新依据。

第二节　基本单位统计的对象

基本单位统计的对象主要包括两类：法人单位及产业活动单位。本节主要介绍法人单位及产业活动单位的定义及分类、二者之间的关系、统计上对一些特殊单位的处理办法以及基本单位统计的基本原则。

一、法人单位

法人单位应同时具备以下条件：依法成立，有自己的名称、组织机构和场所，能够独立承担负债和其他民事责任；独立拥有和使用（或者受权使用)资产,有权与其他单位签订合同;会计上独立核算,能够编制资产负债表等会计报表。

在统计工作中,法人单位包括五种类型:企业法人、事业单位法人、机关法人、社会团体法人、其他法人。

(一)企业法人

企业是以营利为目的,从事生产经营活动的经济组织。企业法人是具有法人条件的各种所有制形式或者各种组织形式的企业。企业法人可以按照组织形式分为公司制企业法人和非公司制企业法人两大类。

1.公司制企业法人。指依照《中华人民共和国市场主体登记管理条例》核准登记注册的企业。公司制企业是现代企业制度的主要组织形式,分为有限责任公司和股份有限公司。国有独资公司是一种特殊形式的有限责任公司,它是国家授权投资的机构或者国家授权的部门单独投资设立的有限责任公司(不包括国有控股的有限责任公司)。一人有限责任公司是指只有一个自然人股东或者一个法人股东的有限责任公司;

2.非公司制企业法人。是相对公司制企业法人而言,依照《中华人民共和国市场主体登记管理条例》核准登记注册的企业。主要包括:国有企业、集体企业、股份合作企业、联营企业(包括国有联营企业、集体联营企业、国有与集体联营企业和其他联营企业)等。

不具有法人资格,但是符合法人单位三个条件的个人独资企业、合伙企业,在统计上视同法人单位。

(二)事业单位法人

根据《中华人民共和国民法典》的规定,具备法人条件,为适应经济社会发展需要,提供公益服务设立的事业单位,经依法登记成立,取得事业单位法人资格;依法不需要办理法人登记的,从成立之日起,具有事业单位法人资格。

事业单位的主要特征是:具有服务性、公益性和知识密集性。事业单位主要存在于教、科、文、卫等领域，是保障国家政治、经济、文化生活顺利进行的社会服务支持系统。事业单位一般以实现社会效益为首要经营目标，根据国家规定向接受服务的单位或者个人收取一定的费用。我国的大部分事业单位大都分布在公益性领域，大多不以营利为目的。主要分布在：教育、科技、文化、卫生、体育、新闻出版、广播电视、勘察设计、勘探、农业、林业、畜牧业、渔业、水利、交通、气象、地震测防、海洋、环境保护、信息咨询与计算、知识产权、进出口检验、物资仓储、城市公用、社会福利、经济监督事务、法律咨询服务、人才交流、机关后勤服务等行业。

1.各级中国共产党委员会、政府直属事业单位；

2.中共中央、国务院直属事业单位举办的事业单位；

3.各级人大、政协机关，监察委员会、人民法院、人民检察院和各民主党派机关举办的事业单位；

4.各级中国共产党委员会部门和政府部门举办的事业单位；

5.使用财政性经费的群众团体举办的事业单位；

6.国有企业及其他组织利用国有资产举办的事业单位；

7.依照法律、行政法规，应当由各级登记管理机关登记的其他事业单位。

（三）机关法人

依照《中华人民共和国民法典》，有独立经费的机关和承担行政职能的法定机构从成立之日起，具有机关法人资格，可以从事为履行职能所需要的民事活动。机关法人一般是指经各级中国共产党代表大会和各级人民代表大会批准建立的各级政党机关和国家机关。

1.县级以上各级中国共产党委员会及其所属各工作部门；

2.县级以上各级人民代表大会机关；

3.县级以上各级人民政府及其所属各工作部门，以及地区行政行署；

4.县级以上各级政治协商会议机关；

5. 县级以上各级监察委员会、人民法院、检察院机关；

6. 县级以上各民主党派和工商联机关；

7. 乡、镇中国共产党委员会和人民政府。

（四）社会团体法人

《中华人民共和国民法典》规定：具备法人条件，基于会员共同意愿，为公益目的或者会员共同利益等非营利目的设立的社会团体，经依法登记成立，取得社会团体法人资格；依法不需要办理法人登记的，从成立之日起，具有社会团体法人资格。

社会团体法人是依照《社会团体登记管理条例》，经国家或者县级以上民政部门登记注册或者备案、领取《社会团体法人登记证书》的各类社会团体，以及由机构编制管理部门管理其编制的群众团体。

1. 社会团体。

（1）学术性社会团体。主要是指专家、学者和科研工作者自愿加入，为促进哲学、社会科学和自然科学的繁荣和发展，促进科学的普及，促进人才的成长和进步，促进科学与经济社会发展相结合，维护自身合法权益而开展工作的社会团体组织。可分为自然科学类、社会科学类及自然科学与社会科学的交叉科学三种，一般以学会、研究会命名。例如：中国物理学会、中国数学会、中国统计学会、中国知识产权研究会；

（2）行业性社会团体。主要是指法人组织自愿加入，为密切会员单位与政府的联系，加强行业自律，推动行业和会员单位的健康发展，配合政府部门规范市场行为而开展工作的社会团体组织。行业协会的会员是同一行业的各种企业，主要是经济性团体，又可分为农业类、工业类和商业类等，一般以协会命名。例如：中国工程机械工业协会、中国汽车工业协会、中国医药商业协会、中国纺织品商业协会；

2. 群众团体。由编制部门管理的群众团体不需要领取社会团体法人证书，认定为社会团体法人，包括中华全国总工会、中国共产主义青年团中央委员会、中华全国妇女联合会、中国文艺界联合会、中国作家协会、中国科学技术协会、中华全国归国华侨联合会、中国法学会、中国人民对外友好协会、中华全国新闻工作者协会、中华全国台湾同胞联谊会、中国国际贸易促进委员会(中国国际商会)、中国残疾人联合会、中国红十字总会、中国人民外交学会、中国宋庆龄基金会、黄埔军校同学会、欧美同学会(中国留学人员联谊会)、中国思想政治工作研究会、中华职业教育社、中华全国工商业联合会、中国计划生育协会等。

(五)其他法人

指除企业法人、事业单位法人、机关法人及社会团体法人以外的其他符合法人单位条件的单位。

1.村民委员会和居民委员会。依照《中华人民共和国村民委员会组织法》和《中华人民共和国城市居民委员会组织法》批准设立的村民委员会和居民委员会。

2.基金会。利用自然人、法人或者其他组织捐赠的财产,以从事公益事业为目的,按照《基金会管理条例》的规定成立的非营利性法人。由民政部门核准登记,领取《基金会法人登记证书》。

3.社会服务机构(民办非企业法人)。民办非企业是企业、事业单位、社会团体和其他社会力量以及公民个人利用非国有资产举办的,从事非营利性社会服务的社会组织。持有民政部门发放的《民办非企业单位登记证书》,并符合法人单位三个条件的民办非企业单位为民办非企业法人。

(1)民办教育单位,如民办幼儿园,民办小学、中学、学校、学院、大学,民办专修(进修)学院或者学校,民办培训(补习)学校或者中心等;

(2)民办卫生单位,如民办门诊部(所)、医院、民办康复、保健、卫生、疗养院(所)等;

(3)民办文化事业单位,如民办艺术表演团体、文化馆(活动中心)、图书馆(室)、博物馆(院)、美术馆、画院、名人纪念馆、收藏馆、艺术研究院(所)等;

(4)民办科技事业单位,如民办科学研究院(所、中心),民办科技传播或者普及中心、科技服务中心、技术评估所中心等;

(5)民办体育单位,如民办体育俱乐部,民办体育场、馆、院、社、学校等;

(6)民办劳动事业单位,如民办职业培训学校或者中心,民办职业介绍所等;

(7)民办民政事业单位,如民办福利院、敬老院、托老所、老年公寓,民办婚姻介绍所,民办社区服务中心(站)等;

(8)民办社会中介服务单位,如民办评估咨询服务中心(所),民办信息咨询调查中心(所),民办人才交流中心等;

(9)民办法律服务单位。

4.宗教活动场所。指依法设立和登记,供信教公民进行宗教活动的寺院、宫观、清真寺、教堂和其他固定宗教活动场所。经宗教事务部门审批登记,领取《宗教活动场所登记证》,符合法人单位三个条件的宗教活动场所认定为法人单位。

5.农民专业合作社。农民专业合作社是在农村家庭承包经营基础上,农产品的生产经营者或者农业生产经营服务的提供者、利用者,自愿联合、民主管理的互助性经济组织。农民专业合作社以其成员为主要服务对象,提供农业生产资料的购买,农产品的销售、加工、运输、贮藏以及与农业生产经营有关的技术、信息等服务。根据《中华人民共和国农民专业合作社登记管理条例》,经各级市场监管部门核准登记,领取《农民专业合作社法人营业执照》(或者新版《营业执照》)的农民专业合作社认定为法人单位。

6.律师事务所、会计师事务所等专业服务机构。律师事务所是律师的执业机构,可以由律师合伙设立、律师个人设立或者由国家出资设立。根据《律师事务所管理办法》,经省级司法行政机关审核后,领取司法部门发放的《律师事务所执业许可证》的认定为法人单位。合伙设立和个人设立律师事务所虽不具法人条件,但符合法人单位的三个条件,在日常统计中视同法人单位。会计师事务所是依法设立并承办注册会计师业务的机构,可分类为有限责任公司、合伙制两种形式。经省、自治区、直辖市人民政府财政部门批准，报国务院财政部门备案的，认定为法人单位。

二、产业活动单位

产业活动单位应同时具备以下条件：在一个场所从事一种或者主要从事一种社会经济活动；相对独立地组织生产活动或者经营活动；能提供收入或者支出等相关资料。

产业活动单位分为企业、事业单位、机关和其他产业活动单位。具体包括经各级市场监管部门登记注册、领取《营业执照》的企业法人分支机构或经营单位，领取《农民专业合作社分支机构营业执照》的农民专业合作社法人分支机构，领取《外国（地区）企业常驻代表机构登记证》，在中国境内设立的从事与外国企业业务有关的非营利性活动的外国企业常驻办事机构；由各级编制、民政等登记主管机关核准登记、备案，或依据相关法律法规由各级行政主管部门批准建立的机关法人、事业单位法人的分支机构、派出机构或代表机构以及其他符合产业活动单位条件的单位。

三、法人单位与产业活动单位的关系

法人单位由产业活动单位组成，产业活动单位接受法人单位的管理和控制。法人单位只位于一个场所并主要从事一种社会经济活动，为单产业法人。单产业法人本身也是一个产业活动单位。法人单位从事多种经济活动，或者位于多个地点，为多产业法人。多产业法人由两个或者两个以上产业活动单位组成，即唯一的一个本部机构（总部等），以及一个或一个以上的分支机构（分部、分店、分厂等）。

产业活动单位的经营活动，地点单一、活动单一，是最基础的统计细胞单元，对产业活动单位开展统计调查，最有利于收集精准的统计资料，便于数据进行分行业、分地区的准确加工汇总。准确识别法人单位、产业活动单位，并建立他们之间的关联关系，对于准确核算经济总量及分结构数据具有重要意义。

四、基本单位的特殊情况

对于一些特殊情况,《统计单位划分及具体处理办法》(国统字〔2011〕96 号)等明确了具体处理规定,各级统计机构开展统计调查时按以下方式处理。

(一)跨地区分支机构

1. 国有商业银行、国家开发银行及政策性银行、股份制商业银行、中国邮政储蓄银行、城市商业银行、外资银行、农村商业银行等垂直管理单位设立的省(自治区、直辖市)和市(地、州、盟)分支机构(包含直辖市中的区(县)分支机构和直辖县分支机构)视同法人单位;县(市、区、旗)支行及所属的分理处、储蓄所等营业网点作为产业活动单位;农村信用合作社除独立法人外,都作为产业活动单位;其他银行业金融机构的分支机构作为产业活动单位。

2. 保险公司垂直管理的省(自治区、直辖市)、市(地、州、盟)保险机构(包含直辖市中的区(县)保险机构和直辖县保险机构)视同法人单位;县(市、区、旗)以下分支机构作为产业活动单位。

3. 中国电信集团有限公司、中国电信股份有限公司、中国移动通信集团有限公司、中国移动通信有限公司、中国联合网络通信集团有限公司、中国联合网络通信股份有限公司、中国铁通集团有限公司、中移铁通有限公司、中国铁塔股份有限公司等垂直管理单位设立的省(自治区、直辖市)、市(地、州、盟)分支机构(包含直辖市中的区(县)分支机构和直辖县分支机构)视同法人单位,县(市、区、旗)分支机构及营业网点作为产业活动单位。为电信公司提供分销服务且不隶属于电信系统的经营代办网点,根据证照确定单位类型。

4. 中国石油天然气集团有限公司、中国石油天然气股份有限公司、中国石油化工集团公司、中国石油化工股份有限公司、中国海洋石油集团有限公司等垂直管理单位设立的省(自治区、直辖市)、市(地、州、盟)

分支机构（包含直辖市中的区（县）分支机构和直辖县分支机构）视同法人单位，省（自治区、直辖市）、市（地、州、盟）石油销售公司（包含直辖市中的区（县）石油销售公司和直辖县石油销售公司）视同法人单位，县（市、区、旗）以下石油销售单位作为产业活动单位。中国石油天然气集团有限公司、中国石油天然气股份有限公司、中国石油化工集团公司、中国石油化工股份有限公司、中国海洋石油集团有限公司下属的加油站作为产业活动单位；其他加油站根据证照确定单位类型。

5.隶属于中国邮政集团有限公司的省（自治区、直辖市）、市（地、州、盟）邮政机构（包含直辖市中的区（县）邮政机构和直辖县邮政机构）视同法人单位；县（市、区、旗）以下分支机构作为产业活动单位。

6.隶属于国家烟草专卖局（中国烟草总公司）、中国盐业集团有限公司的市（地、州、盟）以上烟草、盐业专卖机构（包含直辖市中的区（县）烟草、盐业专卖机构和直辖县烟草、盐业专卖机构）视同法人单位；县（市、区、旗）以下分支机构作为产业活动单位。

7.国家电网有限公司、区域电网公司下属的非法人省（自治区、直辖市）分公司视同法人单位；发电公司、供电公司下属的非独立核算电力生产企业视同法人单位；非独立核算的市（地、州、盟）、县（市、区、旗）供电公司作为产业活动单位。

8.跨地区水利系统的分支机构。凡跨县级以上行政区划的流域水利管理机构的县级以上分支机构（河务局、处、所），均视同法人单位。

9.跨省分支机构。符合条件及相关规定的跨省分支机构，按照《跨省分支机构视同法人单位统计审批管理办法》（国统办字〔2013〕35号）规定申请视同法人单位统计。

10.汽车整车制造行业法人单位跨省分支机构。符合以下条件的汽车整车制造行业产业活动单位视同法人单位按经营地在地原则进行统计，有义务按照一套表调查单位[①]管理工作有关要求，及时在经营地

① 参见第一章第二节“五、一套表统计调查单位和‘四下’样本单位”中定义。

所在统计机构申报纳入一套表统计调查范围,独立报送统计数据。

(1)主营业务为汽车整车制造(汽车整车制造收入占企业总收入50%以上);

(2)拥有汽车整车制造资质和汽车整车制造生产线;

(3)年主营业务收入 2000 万元及以上。

符合上述条件的产业活动单位无论是否纳入一套表调查单位库,法人单位报送数据均不得包含以上跨省(自治区、直辖市)产业活动单位数据。

(二)派出机构

1.企业法人和事业单位法人的派出机构(办事处、联络处、办公室、销售部、售后服务部等),按照以下情况处理。

(1)对外从事经营活动的派出机构(如销售部、售后服务部等),在经营主体登记机关登记注册并具有法人资格的,作为法人单位;符合产业活动单位条件的,作为产业活动单位;否则不单独作为统计对象。

(2)未领取相关证照、不直接从事经营活动的派出机构(如办事处、联络处、办公室等),不单独作为统计对象。

2.机关法人的派出机构,按照以下情况处理。

(1)机关法人驻外地的办事处和在乡(镇)设立的派出机构(如法庭、检察分院、公安派出所、财税所、市场监管所、自然资源管理所等),在相关部门登记注册并具有法人资格的,作为法人单位;能进行财务独立核算的,作为产业活动单位;否则不单独作为统计对象。

(2)城镇街道办事处视同法人单位。

(3)机关法人驻外地的办事处开办的经营性机构(宾馆、招待所、培训中心等),在经营主体登记机关登记注册并具有法人资格的,作为法人单位,否则作为产业活动单位。

3.境外单位和港澳台单位在境内设置的办事处、代表处等机构,符合产业活动单位规定的,作为产业活动单位,否则不单独作为统计对象。

（三）内设机构

1.住宿业单位（宾馆、饭店）的内设机构，如从事餐饮、娱乐、健身、洗浴、商务服务等活动，符合产业活动单位条件的，作为住宿业单位的产业活动单位；否则不单独作为统计对象。住宿业单位（宾馆、饭店）将内设机构承包或者出租给外单位（含个人），从事餐饮、娱乐、健身、洗浴、商务服务等活动，按照证照确定单位类型。

2.企事业单位、机关下属不具备法人单位条件，以为本单位提供住宿、餐饮、卫生、洗浴、托儿所、运输、建筑、农业（农场、牧场）等服务为主的机构，符合产业活动单位条件的，作为产业活动单位；否则不单独作为统计对象。

3.购物中心（百货商场、超市、仓储会员店等）内经营单位的划分，按照以下情况处理。

（1）购物中心自营的商品销售或者餐饮经营活动，符合产业活动单位条件的，作为产业活动单位；否则不单独作为统计对象。

（2）购物中心对外出租店面或者柜台的活动。由购物中心统一核算收支的出租店面或者柜台，不单独划分单位，其各项指标包含在购物中心法人企业中；不由购物中心统一核算收支，但是已进行登记注册的承租单位，根据证照确定单位类型；不由购物中心统一核算收支，且未进行登记注册的承租单位，符合产业活动单位规定的，作为承租方的产业活动单位。

（3）百货商场、超市、仓储会员店以及其他商品零售门店或者场所内出租店面或者柜台的，参照上述情况处理。

（4）商品交易市场（集贸市场）内的经营单位，已进行登记注册的单位，根据证照确定单位类型；未进行登记注册的单位，符合产业活动单位规定的，作为承租方的产业活动单位。

4.社会团体、基金会、社会服务机构（民办非企业单位）下设分支机构不作为单独的统计对象，有关数据包含在归属法人单位中。

（四）企业集团

企业集团是指以资本为主要联结纽带的母子公司为主体，以集团章程为共同行为规范的母公司、子公司、参股公司及其他成员企业或者机构共同组成的具有一定规模的企业法人联合体。企业集团的母公司(核心企业)、子公司(成员企业),在法律和经济上都是独立的,均是企业法人,应分别作为法人单位统计,单独填报法人单位表,其各项指标只包括本法人及其所属的产业活动单位的数据。

对企业集团本部根据下述情况分别处理。

1. 如果企业集团本部符合产业活动单位条件,则作为其母公司(核心企业)的产业活动单位。

2. 如果企业集团本部具有法人资格,且自己从事对外经营活动,则企业集团本部按所从事的活动单独填报法人单位表,其各项指标只包括企业本部的数据。

3. 如果企业集团本部具有法人资格,但是自己不从事对外经营活动,如企业的经济活动未跨越行业门类,则企业集团本部单独填报法人单位表,行业随其母公司(核心企业)划分行业;如企业的经济活动跨越行业门类,则企业集团本部单独填报法人单位表,行业归入“企业总部管理”,其各项指标只包括企业本部的数据。

(五)其他有关单位

1. 工会。按照国家行政区划在县级行政区域以上成立的各级总工会,以及同行业或者相近行业成立的符合法人单位条件的产业工会作为社团法人单位;各单位内部工会组织不单独作为统计对象。

2. 乡镇政府和党委。乡镇政府和党委,如果分别有单独的“三定方案”,且会计上能够单独核算资产,则分别作为法人单位;否则作为一个法人单位,单位名称填写为“某某乡(镇)人民政府(党委)”。

3. 乡镇中小学。若领取法人证照,作为单独的法人单位。若未领取法人证照,但是能提供收入或者支出等相关资料,作为出资方所属法人单位的产业活动单位;否则不单独作为统计对象。乡村教学点不单独作为统计对象。

4. 村和社区医疗服务等单位。若领取市场监管或者民政部门的法人证照，作为单独的法人单位。若未在市场监管、民政部门领取证照，仅领取卫生部门颁发的许可证，不作为统计对象。

5. 彩票销售网点。彩票销售网点是各级彩票中心下属的彩票投注站点，一般依附于其他单位存在，不单独作为统计对象。

6. "一户多照"法人单位。同一法定代表人持有多份法人证照，且由相同人员、在相同场地开展生产经营活动。应当将能够分别独立核算的法人证照单位，作为独立法人单位；否则作为一个法人单位。

五、一套表统计调查单位和"四下"样本单位

根据统计报表制度规定，基本单位名录库各类单位又可以分为一套表统计调查单位和非一套表统计调查单位。一套表单位的定义和标准可参考本书第二章第三节。非一套表调查单位包括除一套表调查单位以外的法人单位，以及全部产业活动单位。此外，基本单位名录库中还有一类特殊单位，即开展抽样调查的"四下"样本单位。相关定义和标准也一并在本书第二章第三节中介绍。

六、基本单位的统计原则

社会经济活动所在地（实际经营地、实际运营地等）与行政登记住所（注册地）在同一地点的统计对象，归入该地点所在县级区域的统计范围。

社会经济活动所在地（实际经营地、实际运营地等）与行政登记住所（注册地）不在同一地点的统计对象，归入社会经济活动所在地（实际经营地、实际运营地等）县级区域的统计范围。但是，建筑业法人单位归入行政登记住所（注册地）所在县级区域的统计范围。

有两处以上社会经济活动所在地（实际经营地、实际运营地等）的统计对象，符合条件的，分别作为法人单位和产业活动单位进行统计，否则归入主要社会经济活动所在地（实际经营地、实际运营地等）县级区域的统计范围。可将法人单位经营总部（实体管理机构）所在地作为

主要经营活动所在地。

第三节　基本单位统计的主要指标

基本单位统计的主要指标分为三类：识别信息、联系信息和属性信息。本节分三类信息介绍基本单位统计主要指标的定义。

一、识别信息

单位的识别信息主要包括统一社会信用代码、单位详细名称、法定代表人等指标。主要用于标识单位的唯一性，确保每个单位都可以被准确识别。

（一）统一社会信用代码：指按照《国务院关于批转发展改革委等部门法人和其他组织统一社会信用代码制度建设总体方案的通知》（国发〔2015〕33 号）规定，由赋码主管部门给每一个法人单位和其他组织颁发的在全国范围内唯一的、终身不变的法定身份识别码。

尚未领取统一社会信用代码的单位，由统计部门赋予统计用临时代码。统计用临时代码根据《统计单位临时代码编码规则》[①]要求编制。

（二）单位详细名称：指经有关部门批准正式使用的单位全称。

企业的详细名称按市场监管部门登记的名称填写；机关、事业单位的详细名称按编制部门登记、批准的名称填写；社会团体、民办非企业单位、基金会、宗教活动场所法人和基层群众自治组织的详细名称按民政部门登记、批准的名称填写。其他单位按相关部门登记、批准的名称填写。

（三）法定代表人（单位负责人）：指依照法律或者法人组织章程规定，代表法人行使职权的负责人。

---

① 详见附录一。

二、联系信息

单位的联系信息主要包括所在地及区划、注册地及区划、联系电话等指标。主要用于确定单位的所在地、注册地，与单位建立联系。

（一）所在地及区划：指单位主要经营地所处的详细地址等。包括以下两部分。

第一部分：单位主要经营地所处的详细地址，包括主要经营地所在的省（自治区、直辖市）、地（市、州、盟）、县（市、区、旗）、乡（镇、街道）、村（居）委会以及具体街（路）的名称和详细的门牌号码。

第二部分：区划代码和城乡代码，指单位主要经营地所在地区的区划代码和城乡代码。按《统计用区划代码和城乡划分代码》填写，由所在地统计机构统一填写。

（二）注册地及区划：指单位在审批登记部门登记注册的地址。包括以下两部分。

第一部分：单位注册的详细地址，包括注册地所在的省（自治区、直辖市）、地（市、州、盟）、县（市、区、旗）、乡（镇、街道）、村（居）委会以及具体街（路）的名称和详细的门牌号码。

第二部分：区划代码和城乡代码，指单位注册地的区划代码和城乡代码，按《统计用区划代码和城乡划分代码》填写，由所在地统计机构统一填写。

（三）联系电话：包括固定电话和移动电话等能够与单位取得联系的信息。

电话号码以填写固定电话号码为主，对于确实没有固定电话号码的单位，可以填写主要负责人的移动电话号码。

三、属性信息

单位的属性信息主要包括是否为视同法人单位、行业类别、机构类型、登记注册统计类别、企业控股情况等指标。这些信息反映了单位的各项属性特征，对了解单位的基本情况、进行统计分析提供了重要的依据。

（一）是否为视同法人单位：依据《统计单位划分及具体处理办法》规定，部分产业活动单位，可以视同法人单位，需要填写法人单位统计表。

（二）行业类别：指根据其从事的社会经济活动性质对各类单位进行的分类。包括以下两部分。

第一部分：主要业务活动，指企业为完成经营目标而从事的日常业务活动中的主要活动。

第二部分：行业代码。由所在地统计机构根据各单位填写的主要业务活动，对照《国民经济行业分类》（GB/T 4754—2017）填写行业小类代码。

（三）机构类型：分为企业、事业单位、机关、社会团体、民办非企业单位、基金会、居委会、村委会、农民专业合作社、农村集体经济组织和其他组织机构。具体解释如下。

1. 企业：包括（1）领取《企业法人营业执照》（或新版《营业执照》）的各类企业法人；（2）个人独资企业、合伙企业；（3）领取《营业执照》的企业法人分支机构或经营单位，个人独资企业和合伙企业的分支机构；（4）未经有关部门批准但实际从事生产经营活动且符合产业活动单位条件的企业法人的组成部分。

2. 事业单位：包括（1）经机构编制部门批准成立和登记或备案，领取《事业单位法人证书》，取得法人资格的单位；（2）事业法人单位的本部及分支机构或派出机构。

3. 机关：包括国家权力机关、国家行政机关、国家监察机关、司法机关、政党机关、政协组织和其他机关法人；机关法人单位的本部，以及国家权力机关分支机构、国家行政机关分支或派出机构、监察机关分支机构、人民法院分支机构、人民检察院分支机构等。

（1）国家权力机关：指全国人民代表大会及其常务委员会、地方各级人民代表大会及其常务委员会和办事机构。

(2)国家行政机关:指国务院和地方各级人民政府及其工作部门,以及地区行政行署。

(3)国家监察机关:指行使监察职能的机关。

(4)国家司法机关:指国家审判机关和检察机关。

(5)政党机关:指中国共产党各级机关和所属办事机构、各民主党派各级机关和办事机构。

(6)政协组织:指中国人民政治协商会议全国委员会和地方各级委员会及其办事机构。

4.社会团体:指中国公民自愿组成,为实现会员共同意愿,按照其章程开展活动的非营利性社会组织。包括(1)经各级民政部门核准登记,领取《社会团体法人登记证书》的各类社会团体;(2)由各级机构编制管理部门直接管理其机构编制的群众团体;(3)经国务院批准可以免于登记的社会团体。

5.民办非企业单位:指企业单位、事业单位、社会团体和其他社会力量以及公民个人利用非国有资产举办的,从事非营利性社会服务的社会组织。民办非企业法人指经各级民政部门核准登记,领取《民办非企业单位登记证书》的民办非企业单位。

6.基金会:指民政部门核准登记的,颁发《基金会法人登记证书》的基金会。

7.居民委员会:由不设区的市、市辖区的人民政府决定设立的社区(居委会)。

8.村民委员会:由乡、民族乡、镇的人民政府提出,经村民会议讨论同意后,报县级人民政府批准,设立的村民委员会。

9.农民专业合作社:指以农村家庭承包经营为基础,通过提供农产品的销售、加工、运输、贮藏以及与农业生产经营有关的技术、信息等服务来实现成员互助目的的组织。包括(1)经各级市场监管部门核准登记,领取《农民专业合作社法人营业执照》或新版《营业执照》的农民专业合作社法人，领取新版《营业执照》的农民专业合作社联合社法人；(2)经各级市场监管部门核准登记的农民专业合作社（或农民专业合作社联合社）分支机构。

10. 农村集体经济组织：在农村双层经营体制下，耕地、河道、灌溉设施等生产资料集体所有，合作经营、民主管理、服务村民的经济组织，主要是由原人民公社（现乡、镇）、生产大队（现村）、生产队（现村民组）建制经过改革、改造、改组形成的合作经济组织，包括经济联合总社、经济联合社、经济合作社、股份合作经济联合总社、股份合作经济联合社、股份合作社等。农村集体经济组织的设立需经县级及以上农业行政主管部门审核，颁发登记证书或证明书。

11. 其他组织机构：指除企业、事业单位、机关、社会团体、民办非企业单位、基金会、居民委员会、村民委员会、农民专业合作社和农村集体经济组织以外的其他符合法人和产业活动单位条件的机构。包括：律师事务所、基层法律服务机构和各类宗教活动场所等。

（四）登记注册统计类别：企业单位的登记注册统计类别，依据《关于市场主体统计分类的划分规定》①。机关、事业单位和社会团体及其他组织的登记注册统计类别，依据主要经费来源和管理方式，根据实际情况，比照《关于市场主体统计分类的划分规定》确定。

（五）企业控股情况：根据企业实收资本中某种经济成分的出资人的实际投资情况，或出资人对企业资产的实际控制、支配程度进行分类。具体分为国有控股、集体控股、私人控股、港澳台商控股、外商控股和其他六类。限企业法人填写。

1. 国有控股：(1)在企业的全部实收资本中，国有经济成分的出资人拥有的实收资本（股本）所占企业全部实收资本（股本）的比例大于50%的国有绝对控股；(2)在企业的全部实收资本中，国有经济成分的出资人拥有的实收资本（股本）所占比例虽未大于50%，但相对大于其

---

① 详见附录4。

他任何一方经济成分的出资人所占比例的国有相对控股；或者虽不大于其他经济成分，但根据协议规定拥有企业实际控制权的国有协议控股；(3)投资双方各占50%，且未明确由谁绝对控股的企业，若其中一方为国有经济成分的，一律按国有控股处理。

2. 集体控股：(1)在企业的全部实收资本中，集体经济成分的出资人拥有的实收资本（股本）所占企业全部实收资本（股本）的比例大于50%的集体绝对控股；(2)在企业的全部实收资本中，集体经济成分的出资人拥有的实收资本（股本）所占比例虽未大于50%，但相对大于其他任何一方经济成分的出资人所占比例的集体相对控股；或者虽不大于其他经济成分，但根据协议规定拥有企业实际控制权的集体协议控股。

3. 私人控股：(1)在企业的全部实收资本中，私人经济成分的出资人拥有的实收资本（股本）所占企业全部实收资本（股本）的比例大于50%的私人绝对控股；(2)在企业的全部实收资本中，私人经济成分的出资人拥有的实收资本（股本）所占比例虽未大于50%，但相对大于其他任何一方经济成分的出资人所占比例的私人相对控股；或者虽不大于其他经济成分，但根据协议规定拥有企业实际控制权的私人协议控股。

4. 港澳台商控股：(1)在企业的全部实收资本中，港澳台商经济成分的出资人拥有的实收资本（股本）所占企业全部实收资本（股本）的比例大于50%的港澳台商绝对控股；(2)在企业的全部实收资本中，港澳台商经济成分的出资人拥有的实收资本（股本）所占比例虽未大于50%，但相对大于其他任何一方经济成分的出资人所占比例的港澳台商相对控股；或者虽不大于其他经济成分，但根据协议规定拥有企业实际控制权的港澳台商协议控股。

5. 外商控股：(1)在企业的全部实收资本中，外商经济成分的出资人拥有的实收资本（股本）所占企业全部实收资本（股本）的比例大于50%的外商绝对控股；(2)在企业的全部实收资本中，外商经济成分的出资人拥有的实收资本(股本)所占比例虽未大于 50%,但相对大于其他任何一方经济成分的出资人所占比例的外商相对控股;或者虽不大于其他经济成分,但根据协议规定拥有企业实际控制权的外商协议控股。

6.其他:除上述五类以外的企业控股情况。

(六)成立时间:指单位登记注册成立或行政管理部门批准成立的具体年月。

1.实际开业时间早于注册成立时间的单位,如中华人民共和国成立前创立的中华老字号企业,填写最早开业年月。

2.机关、事业单位的成立时间分三种情况:(1)新设立的单位成立时间填新设立时间;(2)恢复设立的单位(指中间因某种原因停顿,后又恢复的单位)成立时间填以前设立的时间;(3)机构改革中,因合并或分立新设的单位,其成立时间填新设立时间,继续存在的单位,填原成立时间,改革后有些单位虽然名称有变化,但其基本职能未变,成立时间要填写最早成立时间。

3.乡镇人民政府、街道、居委会、村委会,如管辖区域基本未改变,其成立时间按原成立时间填写;否则,按新成立时间填写。

4.改制企业的成立时间按原成立时间填写。

5.企业分立、合并分两种情况:一种是因合并或分立而新设的企业,其成立时间按市场监管部门重新登记后的成立时间填写;另一种是合并或分立后继续存在的企业,填写原企业的成立时间。

(七)开业时间:指企业在市场监管部门登记注册后,经过一系列筹建工作,正式开始投入运营的具体年月。筹建企业不填开业时间。

(八)运营状态:指企业(单位)的经济活动状态。

1.正常运营:指正常运转的单位,全年正常开业的企业(单位)和季节性生产开工三个月以上的企业(单位)。包括部分投产的新建企业(单位),临时性停产和季节性停产的企业(单位)。

2.停业(歇业):指由于某种原因已处于停止经营或活动的状态,待条件改变后将恢复经营或活动的企业(单位)。

3.筹建:指已经在行政登记管理部门注册登记,正在进行经营或活动前筹建工作的企业(单位)。如研究和论证建设、投产或经营方案,办理征地拆迁,订购设备材料,进行基建等。有些行业的企业,由于行业管理或其他政策性管理的需要必须经过一定时间的试营业才能正式开业,这些处于试营业状态的单位也属于筹建。

4.当年关闭:指当年因某种原因终止经营或活动的企业(单位)。

5.当年破产:指当年依照《中华人民共和国企业破产法》或相关法律法规宣布破产的企业(单位)。

6.当年注销:指当年因歇业、宣告破产、自行解散或因其他原因终止活动,在行政登记管理部门主动申请退出的企业(单位)。

7.当年撤(吊)销:指当年被行政登记管理部门根据国家相关法律法规,对其进行吊销营业执照(证书)行政处罚的企业(单位)或撤销登记的企业(单位)。

8.其他:指上述情况以外的其他企业(单位)。

(九)执行会计标准类别:分为执行企业会计准则制度、政府会计准则制度、民间非营利组织会计制度和其他四种情况。限法人单位填写。

1.企业会计准则制度:执行企业会计准则、小企业会计准则和企业会计制度的企业选填此项。包括已纳入企业财务管理体系的单位。

2.政府会计准则制度:执行政府会计准则的单位填报此项。包括与本级政府财政部门直接或者间接发生预算拨款关系的国家机关、政党组织、社会团体、事业单位和其他单位。不包括已纳入企业财务管理体系的单位。

3.民间非营利组织会计制度:执行民间非营利组织会计制度的单位选填此项。包括执行民间非营利组织会计制度的社会团体、基金会、民办非企业单位和寺院、宫、观、清真寺、教堂等。

4.其他:不执行以上三类会计制度的单位选填此项。

(十)产业活动单位数:填写法人单位所属的全部产业活动单位数。

（十一）归属法人单位情况：反映产业活动单位与其归属的法人单位的关系。主要包括产业活动单位所归属的法人单位的统一社会信用代码、单位名称、详细地址以及法人单位所在地区的行政区划代码。若某产业活动单位的归属单位为被视同法人的产业活动单位，则此产业活动单位填写归属法人单位情况时，应填写该视同法人单位相关信息。

第二章　基本单位名录库的管理与维护

第一节　基本单位名录库概况

一、基本单位名录库管理原则

（一）全国统一管理。国家统计局统一组织名录库建设、维护和使用等各项工作。

（二）地方分级负责。省级及以下各级统计机构各自负责管理其辖区内的名录库单位信息，协同做好各环节业务工作，加强名录库维护基层基础建设，确保基层名录库工作人员力量与工作量相匹配。

（三）专业分工协作。各级统计机构要加强对名录库工作的组织领导，组织协调好各项工作，各级普查中心（或指定的专门机构）作为名录库主管机构牵头负责，统计机构内部各相关单位共同参与，各司其职。

（四）信息资料共享。在有关法律、法规、规定的框架内积极开展信息共享，开展名录信息服务。

二、基本单位名录库主要作用

基本单位名录库作为法人单位和产业活动单位的“户籍”档案库，反映全社会各类单位的基本情况，是统计调查体系的基础信息库，是国内生产总值（GDP）核算的基础依据。通过基本单位名录库建设，可以准确界定调查对象，避免调查对象的重复或遗漏，提高调查对象的可核实性，提升统计调查工作的效率和质量。其主要职能作用包括：

（一）为以单位为调查对象的统计调查提供调查单位名录和抽样框

按照“先进库，再出数”的原则，不在基本单位名录库中的单位不得纳入专业统计调查范围。基本单位名录库为规模以上常规统计调查[①]提供调查单位名录，为规模以下抽样调查[②]提供抽样框，还为以单位为调查对象的重大国情国力调查、部门统计调查提供调查对象名录或抽样框。

（二）规范以单位为调查对象的统计数据生产过程

从加强基础统计工作、提高源头数据质量入手，基本单位名录库为统计数据的收集、整合、处理和发布提供基础工具，有效提高统计数据生产的效率，对统计数据生产的全过程进行规范和管理。

（三）促进以单位为共享对象的部门间统计信息共享工作

基于基本单位名录库的全国、全行业和各种单位类型全覆盖的统计特点，利用地区、行业、单位类型等多种分类标识，转换形成各种口径范围的单位名录，为政府统计机构和其他政府部门之间共享、整合单位相关信息提供基础平台。

三、名录库建设历程

从 1993 年统计调查单位年度调查制度建立，至今已三十多年，经过不断地探索和改进，我国的基本单位名录库建设已初见成效。

（一）第一阶段（1996—2004 年）：基本单位名录库建立

基本单位名录库是在 1996 年的第一次全国基本单位普查数据库的基础上全面建立起来的。第一次全国基本单位普查后，国家、省、地（市）三级以及一些条件较好的区县统计部门建立起了基本单位名录

① 规模以上常规统计调查：指规模以上工业、有资质的建筑业、限额以上批发和零售业、限额以上住宿和餐饮业、有开发经营活动的房地产开发经营业、规模以上服务业和其他有 5000 万元及以上在建项目的法人单位等常规统计调查项目。

② 规模以下抽样调查：指规模以下工业、资质外建筑业、限额以下批发和零售业、限额以下住宿和餐饮业、规模以下服务业等抽样调查项目。

库。2001年第二次全国基本单位普查后,国家、省、地(市)、县四级统计部门以普查数据为基础,全部建成或全面更新了基本单位名录库。

这段时期,非普查年份基本单位年度调查范围是工业、建筑业、批发零售及餐饮业的限额以上企业,大量变动频繁的中小企业以及服务业等第三产业单位的变动情况得不到及时反映,客观上不能起到为专业调查提供准确的单位名录、为抽样调查提供全面抽样框的作用。

(二)第二阶段(2005—2008年):完善基本单位名录库维护更新方式

2004年第一次全国经济普查后,为解决非普查年份的资料来源问题,经国家统计局、中央编办、民政部、国家税务总局和原国家工商行政管理总局协商,于2005年9月联合印发了《关于建立全国基本单位名录更新制度的通知》,要求自2006年起各级编制、民政、税务和工商部门将其审批登记的新增、变更和注销单位资料每半年向同级统计局提供一次。各级统计部门利用行政登记资料为线索对新增单位进行发表调查、对变更和注销单位资料进行核实,同时结合各专业统计调查提供的限额以上单位数据,每年对名录库进行两次更新。

2009年有关部门再次联合发文,对2006年共同建立的全国基本单位名录更新制度进行了修订,改进部门提供行政登记资料的表式。

(三)第三阶段(2009—2010年):改进基本单位名录库管理模式

随着我国信息化技术和网络条件的提高,统计系统的网络基本覆盖到县(区),有的甚至到了乡镇(街道),西部少数网络条件不太好的地区也延伸到了地(市)一级,具备了选用更加高效实用的名录库管理模式的条件。

2009到2010年,名录库的管理模式发生了根本性改变。原来的国家、省、地(市)、县"四级建库、逐级手工上报"的管理模式,改为国家、省"两级建库、程序自动上报"的管理模式,大大提高了名录库数据的时效性。该种管理模式由国家名录库和31个省级名录库组成,国家名录库与省级名录库通过统计内网每天定时交换数据;省以下一省一库,省、地、县级维护人员通过 IE 浏览器登录省级名录库，维护更新本辖区数据，实现全省一库，分级、同步处理的工作目标；国家、省级名录库主管机构的工作重点是管理并监控各地的工作情况，在线及时解决各种问题，不定期抽查各地名录库数据质量。

（四）第四阶段（2010—2015 年）：规范基本单位名录库管理

为进一步建立健全基本单位名录库，国家统计局在 2010 年出台了基本单位名录库建设维护与使用管理暂行办法，该办法对名录库建设、维护更新的职责分工、具体工作程序、工作流程、工作内容等作出了明确规定。2011 年后，又相继出台了一系列关于名录库管理的文件，从统计调查单位临时代码管理、“一套表”调查单位审核管理、跨省分支机构视同法人单位统计审批管理等方面，进一步规范了单位管理和名录库维护更新工作，标志着名录库工作走上了正规化、制度化轨道。

（五）第五阶段（2016 年至今）：加大行政资料和大数据技术应用阶段

2016 年，根据《国务院办公厅关于加快推进“五证合一、一照一码”登记制度改革的通知》（国办发〔2016〕53 号）要求，在全面实施工商营业执照、组织机构代码证、税务登记证“三证合一”登记制度改革的基础上，再整合社会保险登记证和统计登记证，实现“五证合一、一照一码”（简称“五证合一”）。原国家工商行政管理总局、国家发展和改革委员会、人力资源社会保障部、国家统计局、原国务院法制办公室进一步联合发布《工商总局等五部门关于贯彻落实〈国务院办公厅关于加快推进“五证合一”登记制度改革的通知〉的通知》，确定数据共享机制从 2016 年 10 月 1 日起，正式实施“五证合一”登记制度，省级统计机构通过省级统一的数据共享交换平台、政务信息平台或部门间的数据接口，定期接收原国家工商行政管理总局的企业登记信息、经营异常和严重违法失信企业名录、企业年报等共享信息。2021 年，国家统计局与国家市场监管总局签署合作备忘录，建立数据专线，每月从国家层面获取企业登记信息。

商事制度改革以来，经营主体数量井喷式增长、经营方式灵活多样、变动频繁，基层名录库工作人员实地调查核实的工作量大幅增长，传统的基本单位统计调查方式面临巨大挑战。为充分应用现代信息技术，减轻基层名录库维护工作量，国家统计局积极探索推动名录库日常维护更新机制改革。改革总体思路是充分利用部门行政资料，结合大数据分析方法等技术手段，以部门行政资料为基础生成单位基本信息，再对其中规模较大的企业以及指标缺失的其他企业开展实地入户调查，从而实现减少实地入户调查工作量、降低调查成本和为基层减负的目标。围绕改革总体思路，2019 年，国家统计局开展《基于机器学习的单位活跃度计算与应用》课题研究，使用随机森林算法对市场监管等部门行政资料进行分析并测算企业活跃度，对模型适用性、程序调优、阈值计算和测算准确性等都做了深入探究。研究表明，通过分析部门行政资料，可以动态监测企业活跃变化情况；通过活跃度计算，可以较为准确地识别活跃和不活跃企业，从而提高名录库维护的及时性和准确性。2020 年，国家统计局与北京大学企业大数据研究中心、北京博雅智慧科技有限公司合作，开展企业活跃度模型课题研究，以市场监管登记信息和年报信息为基础，面向全国所有企业开展企业活跃度模型构建和测算工作；同时选取河北等地开展名录库动态维护更新机制改革试点工作，随机抽取部分企业进行实证检验，结果表明企业活跃度模型效果较好。2021 年，国家统计局制定进一步推进名录库动态维护更新机制改革工作方案，选取内蒙古等地全面试运行；修订全国统计系统基本单位名录库建设维护与使用管理办法及其实施细则，明确利用部门行政资料维护名录库主要流程。2022 年，结合试点和试运行开展情况，制定名录库动态维护更新机制应用业务方案，进一步明确具体工作要求。2024 年，依托统计云项目，开发建设的新版基本单位名录库管理平台正式上线，为改革提供软件保障。

第二节　基本单位名录库维护更新

基本单位名录库维护更新方式分为全面更新和部分更新，见图 2.1 所示。

图 2.1　基本单位名录库的维护更新方式

一、全面更新

全面更新是指利用周期性经济普查形成的全面调查信息，对名录库相应单位的各项指标进行更新。

按照《中华人民共和国统计法》和《全国经济普查条例》规定，我国每五年开展一次全国经济普查，全面调查我国境内从事第二产业和第三产业活动的全部法人单位、产业活动单位和个体经营户的生产经营情况。普查结束后，统计机构将利用普查结果对基本单位名录库进行全面更新，更新已有单位有关指标、补充新增单位、剔除消亡单位，并以此作为未来五年维护更新的基础。

二、部分更新

（一）以行政资料等各类资料为基础，结合基本单位统计调查结果，对名录库部分单位部分指标进行更新

1. 维护更新准备

（1）关于行政资料的简要介绍

行政资料来自与统计机构合作的行政部门，这些行政部门依托自身审批或登记职能，能够获取各类单位信息，是名录库维护更新的主要

资料来源之一。行政资料包括各类单位在成立、注销、信息变更时产生的行政登记和备案等信息以及发生经济社会活动时产生的行政管理和处罚等信息，总体分为两类。

一是各类单位成立、注销、主要信息变更等有关行政管理资料。主要包括：市场监管部门批准和管理企业、农民专业合作社的法人或分支机构；民政部门批准和管理社会团体、民办非企业、基金会等单位；机构编制部门批准和管理机关、事业单位和部分社会团体（群众团体）；宗教部门管理宗教组织和宗教活动场所；司法部门批准和管理律师事务所、司法鉴定机构、公证处、法律服务机构等；农业部门管理农村集体经济组织等。

二是各类单位的其他行政管理资料。主要包括：税务部门掌握所有纳税单位的信息；海关和商务部门掌握开展商贸活动的单位信息；银行部门掌握所有开户单位的信息；社保部门掌握所有缴纳社保单位的信息；教育、卫生、文化等行业主管部门掌握本行业内的单位信息；住建、旅游等行业主管部门掌握本行业单位的资质等级或星级信息。此外，自来水供水企业、电网、网络运营商等，因其管线铺设的全面性、所提供服务的必要性和经营管理的特殊性，掌握相当大范围的单位信息。这些资料，对丰富名录库信息、辅助判断单位运营状态有很大帮助。

在全国统一建立的编制、民政、税务、市场监管等部门共享机制基础上，省级及以下各级统计机构可进一步提高部门资料共享频率、增加共享内容，拓展部门合作范围、建立长期稳定的数据共享机制。

（2）评估行政资料

使用各类资料维护更新名录信息前，省级及以上名录库主管机构应当对资料进行评估。评估的主要内容包括：单位定义、类型、界定规则和覆盖范围；各项指标的解释、计算方法、数据属性、采用的分组或标准；资料的及时性、完整性和准确性；用于测算数据的可行性；由单位自主报告的信息可信程度。

(3)构建活跃度模型

根据名录库维护更新工作要求，各地在经济普查结束后，使用随机森林算法，分省构建企业活跃度模型。以经济普查和同期市场监管登记信息为基础，补充同年及上年市场监管年报信息作为特征指标，用经济普查结果数据对实际活跃的单位进行标记，生成截至经济普查时点的建模用标准数据集。模型将标准数据集按照 7∶3 的比例，随机将数据划分为学习集和测试集，对学习集进行机器学习，用测试集验证学习成果。经过特征筛选、参数调优等处理，最终确定模型运算代码。将模型测算结果中活跃度高于阈值的企业判定为活跃，结合活跃度整体计算结果，以真实活跃的单位数与测算活跃的单位数相等为标准确定阈值，此时的模型测算准确率最高，阈值为最优阈值。

利用多部门行政资料进行耦合分析，优化企业活跃度模型测算方法。除市场监管登记和年报信息以外，企业的纳税信息、关税信息、社保信息、医保信息、用电信息等多类资料均可用于耦合分析，以提高测算企业活跃状态的准确率。利用部门信息耦合判断企业活跃状态，需要调整企业活跃度模型测算结果中的阈值计算方式，将活跃度高于阈值的企业判定为活跃企业，结合活跃状态整体计算结果，以真实活跃的单位数与耦合测算为活跃的单位数相等为标准确定阈值，此时的耦合测算准确率最高，阈值为最优阈值。

2.维护更新流程

(1)收集部门数据。各级名录库主管机构获取本级合作部门、相关机构各类资料，如按制度要求收集编制、民政、税务和市场监管等部门的行政资料，有条件的地区可进一步收集司法、宗教、农业等更多部门行政资料。

(2)导入整理部门数据。省级名录库主管机构汇集本地区各部门资料，并按照统一格式、统一要求导入名录库管理系统，分类分期别存储至相应部门原始数据表。组织本地区各级名录库主管机构，在名录库管理系统中，对新导入的各类资料原始数据进行初步审核和预处理，生成最新期别数据。预处理操作主要包括：调整数据格式，对不规范的元数据规范化处理，对统一社会信用代码、单位详细名称等关键字进行排重，对因数据质量问题无法应用的单位进行标记，对同部门多期别数据表进行整合，对不具有统计意义的单位（如内设机构、临时机构）等进行标记等。

（3）比对合并部门数据。国家统计局名录库主管机构组织制定部门行政资料和当期名录库数据合并规则，以及部门行政资料与名录库指标转换规则。按照既定数据合并和转换规则，利用名录库系统，定期自动将部门资料与当期名录库进行比对合并，补充未纳入名录库的单位，更新名录库正常运营单位的相关指标信息，标记已注销（吊销）、经营异常、违法失信和市监年报异常等名录库单位的状态。在利用部门数据新增单位或更新单位指标的过程中，将依据部门数据转换生成名录库相关指标。比如，根据市场监管登记信息中的经营主体类型代码，计算生成登记注册统计类别；根据编制、民政部门登记信息中的单位类别，计算生成机构类型等。

（4）标记单位活跃状态。根据税务部门共享资料，在名录库系统中将企业申报纳税记录中应税销售额（营业收入）或实际纳税额在一年内大于 0 的企业状态标记为活跃，连续两年未大于 0 的标记为不活跃。对于其他企业，利用活跃度模型测算活跃度，在名录库系统中将活跃度高于活跃阈值的企业状态标记为活跃，低于不活跃阈值的企业状态标记为不活跃。

（5）开展基本单位统计调查。省级名录库主管机构组织本地区对拟纳入一套表调查单位、“四下”样本单位和其他规模较大的企业单位，主要指标（包括但不限于：统一社会信用代码、单位名称、区划代码、行业代码、机构类型、登记注册统计类别、运营状态等）缺失或不准确的其他企业，以及非企业单位开展基本单位统计调查，调查形式以实地上门调查为主，也可以适当采取电话、邮件等方式辅助开展调查。见图 2.2 所示。

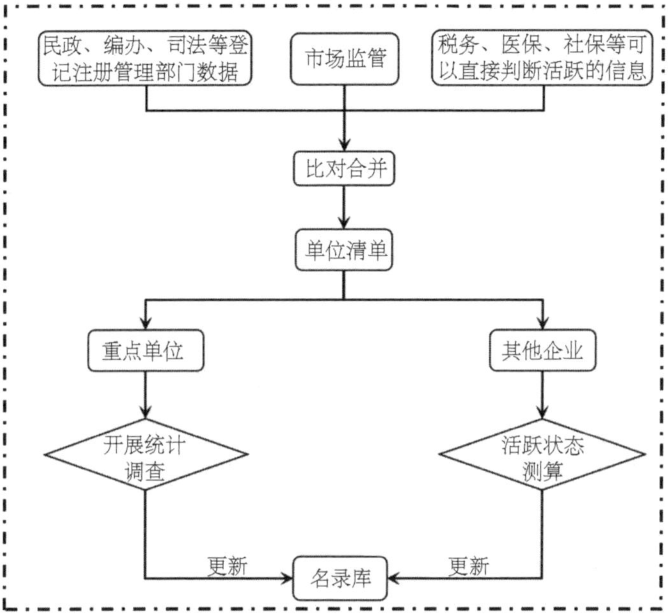

图 2.2　名录库维护更新流程图

开展调查前，调查人员应提前准备好待调查单位清单及单位已有的其他各项指标信息。根据经营场所或经营活动类型预判调查单位的经营或工作时间，合理安排上门或电话调查时间，如机关事业单位要选择上班时间进行调查；从事餐饮活动的调查对象，应尽量避开中午和晚上就餐高峰时间调查。

如果使用移动终端填报数据，还应在调查前维护建筑物信息，采集单位的坐标。在走访过程中，如果对其他单位的运营状态或基本情况有新的发现，应当及时组织调查。实地调查过程中，应当实时对调查取得的数据开展审核，发现问题及时纠正。调查结束后，应要求受访人员再次确认收集的信息是否正确。

如果在走访过程中遭遇拒绝，应主动解释开展统计调查的目的、意义和法律依据，并申明统计机构和统计调查人员对统计资料负有保密责任和义务，采取多样化沟通方式打消受访者疑虑，争取配合。

统计指标的名称和解释均使用书面用语，有些包含了大量的专业名词和统计惯用词，与人们日常生活用语有一定的差别，调查对象理解可能较难。因此，在实地调查时，询问日常生活中不常见的指标，应尽量使用通俗易懂的词汇。例如，询问主要业务活动时，不宜直接问“请问你单位的主要业务活动是什么”“请问你的行业类别是什么”，可以改问“请问你单位现在主要是靠做什么盈利的”“请问你单位主要的营业收入来自于什么”；询问多项主要业务活动时，可以问“请问你单位最近一年来，创造收入最多的业务是什么”等等。

根据基本单位统计调查结果，名录库维护用户将统计调查获取的信息录入名录库管理系统，并根据即时审核情况做进一步核实修改。

（二）组织开展一套表调查单位基本情况调查，对名录库信息进行更新

按照一套表调查单位审核管理有关要求，以及一套表统计调查报表制度规定，国家统计局普查中心会同相关专业司（中心）定期组织确定一套表调查单位，对名录库中相应单位做出标记，并分期存储。每年4月底前，统一组织一套表调查单位通过联网直报平台报送相关数据，7月底前，利用联网直报调查结果更新名录库。

（三）利用“四下”抽样调查结果，对名录库信息进行更新

按照“四下”抽样调查样本单位审核管理有关要求，以及“四下”单位抽样调查统计报表制度规定，国家统计局普查中心会同相关专业司（中心）定期组织确定样本单位，对名录库中相应单位做出标记，并分期存储。每季利用抽样调查结果更新名录库。

此外，还可以利用其他统计调查结果、部门统计调查结果，维护更新名录库。

三、其他有关事项

（一）名录库维护更新频率和范围。名录库维护更新主要途径是利用常规性普查调查更新和日常维护更新两种，频率和范围有所区别。对于利用普查调查结果更新，主要可分为3种：每5年，利用经济普查结

果对名录库所有单位的全部指标进行更新；每年，利用一套表统计调查结果对一套表单位的全部指标进行更新；每个季度，利用“四下”抽样调查结果对样本单位的部分指标进行更新。在日常维护更新中，利用基本单位统计调查结果对前述需要开展调查的单位的全部指标进行更新；利用大数据技术，以各部门行政登记资料为基础，定期生成其他单位的部分指标信息。由于各类单位、各类指标的更新频率不同，在利用名录库资料开展分析研究时，需要特别注意。

（二）先行检索以避免在名录库中新增录入重复单位。各级名录主管机构与管理人员在名录库中新增单位前，应确定不与名录库中的任何单位（包括已经剔除的单位）重复后，再进行相应操作，若在名录库中检索到重复单位，无论该单位处于何种状态，应当在其基础上进行修改，而不应以新增方式新增单位。若该单位是剔除状态或非活跃状态的，则应将其恢复为正常单位，再完善所有指标信息。企业自注册成立到正式开业的周期一般在3—6个月，基层统计机构可结合实际合理安排入户调查时间，以提高入户效率。

（三）谨慎开展剔除操作。剔除单位时，先核实单位状态，标记剔除原因。修改法人单位状态为剔除时，要相应处理其所属的产业活动单位信息。当发现某个单位因搬迁或其他原因不再属于统计机构所在的辖区时，若知晓单位实际经营地或所属省份，应将数据处理地代码修改至实际经营地代码或所属省码，而不应直接剔除处理。当迁入方统计机构认为该单位不在其辖区内时，应当由双方共同的上级统计机构组织协调，开展调查核实，确定其真实的单位实际经营所在地。

（四）关注部门资料准确性、及时性和可比性。使用部门数据前，要着重关注部门资料的准确性、及时性和可比性。准确性或及时性较差的资料不应用于名录库数据更新。每次数据更新需要尽量保证数据的可比性，即所有单位、所有指标都采用同样的统计口径，数据反映同样时间点或时间段的情况。应监控部门资料来源变动情况，部门资料共享内容、共享频率、共享方式等变动情况，及时调整修订部门数据比对合并规则，以及部门指标和名录库指标间对应关系和转换关系。

（五）名录库系统元数据管理与调整。当统计指标含义、范围、分组以及行业代码和区划代码等统计标准发生调整时，要及时建立新旧数据之间的对应关系，实现数据的新旧转换。因为名录库需要定期截取生成静态数据库，往期静态数据库使用的是旧的元数据，在与较新的静态数据库或当前的动态数据库进行比较分析时，需要使用这个对照关系对数据进行转换。动态数据库需要保存所有现行元数据，每一期静态数据库也要保存当期元数据，确保当期数据能被当期元数据合理地解释。有时新、旧两套元数据可能需要并行一段时间，那么将使用两个不同的字段存储指标，比较分析时，还需要注意使用不同的字段。

（六）日志管理。日志管理包括数据变更日志、用户操作日志和系统日志几类。一是监控数据流在不同软件系统之间、同一套软件系统的不同环节之间是否存在传输失败或出错的情况，监控通过日志交换数据的环节，如国家级名录库和省级名录库服务器之间的数据同步是否正常交换，监控软件系统是否正常运行。二是通过查看日志发现用户是否存在异常操作，如未按照正常业务流程处理数据。

（七）名录库系统用户权限管理。用户权限涉及单位权限、指标权限、功能权限，一般名录库主管机构根据用户使用、管理名录库的目的，设置不同的权限，可根据单位指标、功能加以区分。从单位方面看，可为不同用户设置不同的可查看单位范围，通过单位所在行政区划、所属行业类别、是否一套表调查单位等方面加以限制。从指标方面看，可根据用户的使用目的，限制用户查看的指标范围。从功能方面看，不同用户对名录库的操作权限有所区别，有的用户有修改权限，有的用户只有查询权限，有的用户不能导出数据等。为了准确划分数据管理责任，用户的权限应当从严设置，在确保不影响工作或业务需求的前提下，遵循权限最小化原则，不随意扩大权限范围、增加不必要的功能。临时设立的用户，应当在其需求完成后及时关闭。统计人员与用户必须一一对应，不可多人使用同一用户操作。

第三节 调查单位维护与管理

一、一套表调查单位维护与管理

为进一步提高统计能力、统计数据质量和政府统计公信力，在对1993年“一套表”制度进行全面总结、改进的基础上，国家统计局启动以企业一套表改革为核心的统计“四大工程”建设，自2012年起全面实施“一套表”制度，标志着我国统计生产方式发生重大变化。国家统计局按照“统一设计、统一标准、统一调查单位、统一布置”的原则，将对企业分散实施的各项调查整合统一到一起，统一布置报表，建立统一规范、方便填报的企业（单位）一套表制度。既能有效满足各级党委政府、各类经济体和社会公众统计需求，又能满足专业统计和国民经济核算需要，便于企业填报、减轻企业和基层统计机构负担。按照“先进库，后报数”的要求，以基本单位名录库为基础，由各级统计机构审核后，确定一套表统计调查单位。调查单位确定后，采取联网直报方式报送数据。企业一套表填报系统打破专业界限，降低了统计填报的门槛，使得统计数据生产方式和工作模式变得更加简单、实用和科学，大大减轻了企业和基层统计部门的工作负担，大大提高了企业统计工作的准确性、时效性和效率。

（一）一套表调查单位的定义及确定标准

一套表调查单位是现行国家常规统计调查的主要调查对象和统计报表填报主体，具体范围包括：规模以上工业、有资质的建筑业、限额以上批发和零售业、限额以上住宿和餐饮业、有开发经营活动的房地产开发经营业、规模以上服务业、其他有5000万元及以上在建项目的法人单位。其确定标准如下。

规模以上工业：年主营业务收入2000万元及以上的工业法人单位和个体经营户。

有资质的建筑业：有总承包和专业承包资质的建筑业法人单位。

限额以上批发和零售业：年主营业务收入2000万元及以上的批发业、年主营业务收入500万元及以上的零售业单位。

限额以上住宿和餐饮业：年主营业务收入200万元及以上的住宿和餐饮业单位。

房地产开发经营业：有开发经营活动的房地产开发经营业法人单位。

规模以上服务业：年营业收入2000万元及以上的服务业法人单位，包括：交通运输、仓储和邮政业，信息传输、软件和信息技术服务业，水利、环境和公共设施管理业，卫生；年营业收入1000万元及以上的服务业法人单位，包括：租赁和商务服务业，科学研究和技术服务业，教育，以及物业管理、房地产中介服务、房地产租赁经营和其他房地产业；年营业收入500万元及以上的服务业法人单位，包括：居民服务、修理和其他服务业，文化、体育和娱乐业，社会工作。

其他有5000万元及以上在建项目的法人单位：未纳入规模以上工业、有资质的建筑业、限额以上批发和零售业、限额以上住宿和餐饮业、房地产开发经营业、规模以上服务业，且在报告期内有计划总投资5000万元及以上在建项目的法人单位。

（二）一套表调查单位的确定

1.确定和变更流程

根据统计机构关于一套表调查单位管理有关规定，按照“先进库，后报数”的原则，一套表调查单位的增减变动，需经各级统计机构依据单位提交的资料审核确定后做出相应处理。

已达到一套表调查单位规模标准且具备报送数据条件但尚未纳入一套表统计调查的单位，有义务按要求及时向所在地统计机构提供营业执照（证书）复印件、利润表和纳税申报表等证明资料；已纳入一套表统计调查的单位，如单位主要信息发生变更，需按要求提供证明单位相应信息发生变更的资料；已纳入一套表统计调查的单位发生注销、吊销、长期停歇业、上年经营规模未达规模标准等情况，由单位所在地统计局提出退出单位名单。以上单位经各级统计机构审核后，相应做纳入、变更、退出等处理。

2.审核所需的证明资料

统计机构在年度和月度分类型、分期别开展一套表调查单位的纳入、变更和退出审核确认工作。具体审核类型及材料可能发生变化，应以当年国家统计调查制度为准。

(1)拟纳入单位。主要包括新开业(投产)单位(指上年第四季度及当年新开业(投产)的单位，下同)、“规下升规上”单位等。

所有单位均需提供营业执照(证书)复印件、利润表和纳税申报表等证明单位达到入库规模标准的资料(如已经共享“五证合一”相关部门信息，并能直接利用该信息验证企业身份的地区，可免于提供营业执照(证书)复印件)。其中，工业、批发和零售业、住宿和餐饮业、服务业单位需提供《利润表》、《增值税纳税申报表》等证明单位经营规模的材料；建筑业、房地产开发经营业、其他有5000万元及以上在建项目的法人单位需提供证明单位资质、项目情况的相关材料。

(2)变更主要信息单位。主要包括单位详细名称变更单位、统一社会信用代码变更单位、建筑业资质等级变更单位等。

所有单位均需提供统一社会信用代码、单位详细名称等相关信息及单位信息发生变更的证明材料。

(3)退出单位。主要包括“规上转规下”单位、当年没有经营活动的房地产开发经营业单位或无资质的建筑业单位、所属项目上年全部完工的其他有5000万元及以上在建项目的单位、注(吊)销或停业(歇业)单位等。

所有单位均需提供统一社会信用代码、单位详细名称等相关信息及符合退出一套表统计调查单位范围所要求的相关证明材料。

3.审核需关注的重点内容

开展一套表统计调查单位审核工作时，要求统计机构根据证明资料和其他掌握的信息，重点关注单位真实性、单位类型、地址和行业类别、运营状态、是否符合标准等。基层统计机构应对上述单位进行实地查看，确认申报类型是否准确、申报材料是否真实齐全、单位名录信息是否真实准确、单位是否达到规模（限额、资质）标准。

（1）单位是否真实存在、是否正常运营

基层统计机构对拟纳入单位进行实地查看，查看单位是否在申报纳入地区真实存在且处于正常运营状态。上级统计机构根据审核系统中上传的单位材料，结合相关部门共享信息，审核单位真实性。

（2）单位是否属于法人单位或允许视同法人单位的情况

根据单位证照类材料，审核拟纳入单位是否为法人单位，如为产业活动单位，则需根据国家统计局印发的《统计单位划分及具体处理办法》等相关文件要求，确定单位是否符合视同法人单位标准要求。

（3）单位是否达到规模标准

①规模以上工业、服务业，限额以上批发和零售业、住宿和餐饮业。根据单位《利润表》（或《损益表》）中“年（主营）业务收入”、《增值税纳税申报表》中“累计销售额”等指标判断单位是否达到申报纳入行业的规模标准。批发和零售业、住宿和餐饮业单位的《增值税纳税申报表》中“累计销售额”指标若无法反映企业实际经营情况，可补充提供收银系统、销售系统等业务管理系统截图进行说明。

②有资质的建筑业。查看是否有总承包、专业承包的建筑业企业资质证书。

③其他有 5000 万元及以上在建项目的法人单位。审核单位报告期内是否有在建固定资产投资项目且该投资项目计划总投资达到 5000 万元。

（4）申报类型是否准确、申报材料是否齐全

审核单位申报的纳入、变更、退出等类型是否准确规范；审核单位主要业务活动、行业代码与申报纳入行业是否相符；审核拟纳入的其他有 5000 万元及以上在建项目的法人单位是否已纳入规模以上工业、有资质的建筑业、限额以上批发和零售业、限额以上住宿和餐饮业、房地

产开发经营业、规模以上服务业一套表统计调查单位范围；审核单位提供的证照类、财务类等材料是否齐全、格式是否符合具体要求。

二、“四下”单位抽样调查样本单位维护与管理

（一）“四下”单位抽样调查样本单位的定义及确定标准

“四下”单位抽样调查样本单位是指纳入现行国家常规统计调查制度的规模以下工业、资质外建筑业、限额以下批发零售和住宿餐饮业、规模以下服务业及其他现行常规抽样调查的国家级样本单位，不包括个体经营户及各地根据各自需要扩大范围的地方样本单位。具体包括抽中的年主营业务收入2000万元以下的工业法人单位，资质外建筑业法人单位，年主营业务收入2000万元以下的批发业、年主营业务收入500万元以下的零售业、年主营业务收入200万元以下的住宿和餐饮业法人单位以及其他行业法人单位附营的限额以下批发和零售业、住宿和餐饮业产业活动单位，年营业收入2000万元以下的交通运输、仓储和邮政业等行业法人单位，年营业收入1000万元以下的租赁和商务服务业等行业法人单位，年营业收入500万元以下的居民服务、修理和其他服务业等行业法人单位。

（二）“四下”单位抽样调查样本单位的确定

按照“先进库，后报数”的原则，“四下”单位抽样调查统一使用国家统计基本单位名录库作为抽样框，按照国家统计调查制度明确的抽样方法抽选并确定抽样调查样本单位。

审核时，重点关注单位真实性、单位类型、地址和行业类别、运营状态、是否符合确定标准等。

第四节　统计机构职责分工

为建立健全基本单位名录库，提高统计数据质量，改进统计调查方法，国家统计局分别于2010年、2011年印发《全国统计系统基本单位名

录库建设维护与使用管理暂行办法》及其实施细则。为适应新形势新要求，进一步提高单位名录库管理的科学化、制度化和规范化水平，适应名录库动态维护更新机制改革要求，国家统计局于 2021 年修订并印发《全国统计系统基本单位名录库建设维护与使用管理办法》，并修改完善相关实施细则，进一步规范相关要求，明确基本单位名录库的任务分工和职责。

一、名录库管理机构

根据职责权限，基本单位名录库的主管机构分为国家级、省级、地级及以下各级名录主管机构。

(一)国家级名录库管理机构

国家级名录库管理机构统筹组织全国名录库数据维护更新，需重点关注数据质量。具体承担以下职责：

1.制定并实施名录库建设总体规划。

2.制定和完善名录库有关统计调查制度，监督和指导省级名录库主管机构执行。

3.协调有关部门执行并完善名录库共建共享制度，积极拓展部门信息共享。

4.对本级获取的资料进行可用性评估，对省级报告资料可用性评估结果进行复核。

5.组织使用经济普查等资料和一套表统计调查资料更新名录库；将本级获取的其他资料分发至省级名录库主管机构，监督和指导各省级名录库主管机构规范使用资料更新名录库。

6.组织国家统计局相关专业司(中心)共同对省级统计机构上报的一套表统计调查单位变动情况进行审核与管理，对相关专业统计机构确定的“四下”样本单位变动情况进行审核与管理，组织相关专业共同解决争议问题。

7.在权限范围内履行名录库各项职能。

8. 管理国家名录库管理系统用户及权限。

9. 实施名录库数据质量日常监管，对各省级名录库开展数据质量审核、检查、评估和考核。

10. 建设全国统一的名录库管理系统。

（二）省级名录库管理机构

省级名录库管理机构统筹组织本省（区、市）内名录库数据维护更新，需重点关注数据维护工作落实和数据质量。具体承担以下职责：

1. 制定并实施省级名录库建设、维护和使用管理工作规划，结合具体情况确定本地区各级名录库主管机构的具体职责分工。

2. 制定和完善本地区名录库有关统计调查制度，监督和指导本地区各级名录库主管机构执行。

3. 协调有关部门执行并完善名录库共建共享制度，接收部门共享信息，积极推动部门信息共享。

4. 对本地区获取的资料进行可用性评估，并提交国家级名录库管理机构进行复核，制定各类资料详细使用规则和流程。

5. 接收国家级名录库管理机构分发的资料，组织本地区各级名录库主管机构收集和整理资料，使用资料更新名录库信息，组织本地区各级名录库主管机构开展基本单位统计调查和专项调查，并进行监督和指导。

6. 组织本地区一套表统计调查单位增减变动情况的申报、审核与管理，并报国家统计局认定。统计机构相关专业共同解决争议问题。

7. 在权限范围内履行名录库各项职能。

8. 管理本地区名录库管理系统用户及权限。

9. 实施名录库数据质量日常监管，对本地区各级名录库开展数据质量审核、检查、评估和考核。

10. 根据工作需要，建设本地区名录库管理系统和配套项目。

11. 结合工作要求，加强本地区名录库维护基层基础建设。

（三）地级及以下各级名录库管理机构

地级及以下各级名录库管理机构，需重点关注统计实地调查工作。

具体承担以下职责：

1. 根据统计调查制度的要求和省级名录库主管机构确定的具体职责分工，做好部门信息共享工作，开展基本单位统计调查，维护名录库信息。

2. 报告并审核一套表统计调查单位增减变动情况并逐级上报，协调解决辖区内争议问题。

3. 在权限范围内履行名录库职能。

4. 管理本地区名录库管理系统用户及权限。

5. 对本地区各级名录库数据质量开展数据质量审核、检查、评估和考核。

6. 落实名录库维护基层基础建设。

二、统计机构相关专业

各级统计机构内设的相关专业司、处、科等是基本单位名录库的统计专业用户，根据职责权限分为国家级、省级、地级及以下各级专业统计机构。

（一）国家统计局相关专业司（中心）的主要职责

1. 协同国家统计局普查中心对省级报送的本专业一套表统计调查单位增减变动情况进行审核，抽查复核新增、变更单位，审核认定退出单位，并将相关意见提交国家名录库管理机构。

2. 在名录库中确定本专业“四下”样本单位，提交审核无误的增减变更样本单位信息。对本专业抽样调查取得的样本单位基本信息进行审核验收。条件成熟的专业可将相关工作向下级延伸。

3. 将本专业各项以名录库为基础开展调查获得的单位名录信息定期反馈给国家名录库管理机构。

4. 参与名录库数据质量检查工作。

（二）省级统计机构相关专业的主要职责

1. 组织本地区各级统计机构相关专业开展一套表统计调查单位增

减变动审核工作。

2.审核下级上报的一套表统计调查单位增减变动证明材料，对有疑问的单位开展实地核实，将审核意见提交名录库主管机构。

3.参与名录库数据质量检查工作。

（三）地级、县级统计机构相关专业的主要职责

1.确认名录库中本专业范围内所有调查单位的行业类别和专业划分。

2.实地核查本专业一套表统计调查单位新增、变更和退出情况，收集整理相关单位证明材料，审核后提交同级名录库主管机构。

3.参与名录库数据质量检查工作。

三、技术支持机构

各级统计机构数据管理中心（或计算中心、站）是基本单位名录库的技术支持机构。根据名录库主管机构的需求和统计业务发展需要，设计、开发和维护名录库管理软件；为名录库系统安全运行提供软硬件技术支持，对名录库管理系统及数据进行常规备份和存储。

（一）国家统计局数据管理中心的主要职责

1.协助国家统计局普查中心建设和完善全国统一的名录库管理系统，部署名录库管理系统及相关信息化建设项目的运行环境，保障系统正常运行。

2.协助国家统计局普查中心做好部门共享信息的接收、存储、传输和管理，提供软硬件技术支持。

3.协助国家统计局普查中心对名录库管理系统进行安全管理及数据备份存储。

（二）省级及以下各级统计机构指定的专门机构的主要职责

1.协助名录库主管机构建设和完善名录库相关信息化系统，部署系统运行环境，保障系统正常运行。

2.协助名录库主管机构做好部门共享信息的接收、存储、传输和管理，提供软硬件技术支持。

3. 为名录库相关信息化系统的安全运行提供支持。

第五节 行业代码智能赋码

在基本单位统计中,根据调查对象的主要业务活动,划分行业类别、编制行业代码十分重要,然而工作难度很高。传统的人工编码方式主要依靠统计专业技术人员,耗费很大的时间和人力成本。行业代码智能编码技术分别于 2017、2018 年首次在全国基本单位名录库日常维护更新工作和全国经济普查工作中全面应用,大幅减少了编制行业代码的工作量,极大地提高了工作效率。

一、行业代码智能赋码技术原理

智能赋码应用的关键技术是机器学习,通过算法从大量学习样本中挖掘出其中隐含的规律,以此来预测新样本数据的规律。

(一)机器学习生成“大数据词库”

对原有各类基本单位的“主要业务活动”和人工编码的“行业代码”数据进行分析,建立“主要业务活动—行业代码”的映射关系。统计映射关系出现的频率,为不同映射关系给出推荐权重。对于“主要业务活动”较为复杂的情况,需要通过中文自然语言处理技术将“主要业务活动”拆分成多个独立的词,识别词性,提取出有意义的名词和动词,建立“主要业务活动关键词—行业代码”的映射关系。统计分词结果和分词的各种组合的映射关系出现的频率,为不同映射关系给出推荐权重。上述两组映射关系构成机器学习得到的“大数据词库”。该机器学习过程实时进行,随着新的基本单位信息不断增加,“大数据词库”及时扩充,动态积累。

(二)编码专家建立“规范库”

编码专家通过多种方式建立“规范库”:一是对“大数据词库”中出现频数较高的“主要业务活动一行业代码”匹配关系进行人工审核,将准确的匹配关系纳入“规范库”。二是梳理《国民经济行业分类注释》各行业分类对象的活动详细说明，建立部分“主要业务活动－行业代码”或“主要业务活动关键词－行业代码”的匹配关系，录入“规范库”。三是归纳总结机关事业单位的单位名称特征，建立部分“单位详细名称－行业代码”匹配关系，作为利用主要业务活动编码的补充，录入“规范库”。出现在“规范库”中的“主要业务活动关键词—行业代码”映射关系，会给出极高的推荐权重，直接影响智能编码的推荐。

（三）为用户推荐“行业代码”

对需要进行编码的单位，“主要业务活动”填报数据采用一致的分词处理，在“大数据词库”和“规范库”中进行检索，综合两组映射关系和规范库中的权重，按顺序找出权重最高的 5 条“行业代码”，推荐给用户。

二、行业代码智能赋码与传统人工编码的比较

过去，经济活动划分较为简单，市场结构单一，单位数量较少，可以依靠人工编码完成行业代码编码任务。近年来，随着经济社会发展，经营主体呈现爆发式增长，新产业、新业态、新商业模式大量涌现，经济活动分类不断细化，单纯依靠人工编码完成行业代码编码工作面临巨大挑战，传统人工编码的局限性逐渐凸显。一方面，行业分类复杂，对编码工作人员专业性要求更高。自 2017 年 10 月起实施的《国民经济行业分类》(GB/T4754－2017)共有 20 个门类、97 个大类、473 个中类、1380 个小类。这对统计人员的专业性提出了更高的要求，只有编码知识极为扎实、经验十分丰富的专业人员才能胜任此项工作。另一方面，人力投入多、效率低。《国民经济行业分类》《国民经济行业分类注释》厚达 214 页和 753 页，根据主要业务活动描述在书中进行人工检索，需要投入大量人力物力，特别是经济普查中要对全国上千万家单位进行编码，如果不使用自动化技术，将花费很长时间，效率较低。

相较于传统的人工编码方式，行业代码智能赋码技术的优越性体现在编码速度快，减少人工编码工作量。不管是基本单位名录库管理

还是经济普查工作，调查对象数量都十分庞大，智能赋码技术实现了软件自动推荐行业代码，省去人工翻查行业分类标准、核对编码的工序，可极大减轻基层统计人员的工作量。智能赋码技术根据“主要业务活动”填写内容，自动推荐多个行业代码，只要“主要业务活动”填写规范，推荐准确率就可以无限接近100%。

三、行业代码智能赋码的管理

行业代码智能赋码是一种机器学习的统计分析方法，虽然实证准确率很高，但也有一些不足。机器学习无法自动判别对错，一旦“大数据词库”中学习了错误的“主要业务活动—行业代码”匹配关系，且推荐权重较高，统计人员如果不经判断，直接使用推荐的行业代码就会出错。错误的匹配关系一旦未及时纠正，将作为“正确”的匹配关系被机器再学习，这个错误将在词库中被进一步巩固，推荐权重不断提高，错误被持续强化。因此，机器学习需要人工监督和校核。智能赋码程序必须在使用“大数据词库”的同时，使用“专家词库”，即经过专家判定的正确匹配关系（正面清单）或错误匹配关系（负面清单）。智能赋码程序还需要提供“纠错”功能，用户在发现推荐有误时，可以提交到软件后台等待专家审核，纠正的匹配关系经审核后进入“专家词库”。“专家词库”需要拥有丰富编码经验的统计人员定期维护和管理。

第三章　数据质量控制

各级名录库主管机构应从全面性、及时性、准确性、完整性、可比性和一致性等方面评估名录库数据质量，采取多种手段，进行全流程质量控制。

第一节　名录库数据质量的维度

一、全面性

全面性是关于名录库是否覆盖了统计制度要求的全部统计单位的测度。即名录库是否覆盖了所有的法人单位、产业活动单位，是否覆盖了所有地区所有行业的单位。一般可通过监测部门数据收集和利用情况，横向或纵向比较分析各类单位比例和变动情况等方式，评估名录库数据的全面性。

二、及时性

及时性是关于名录库数据能否及时动态地反映出各类单位状况的测度。及时性主要表现在获取行政资料的频率，以及从获取行政资料至应用到名录库之间的周期。一般可通过监测行政资料获取的频率，以及行政资料比对合并情况等方式，评估名录库数据的及时性。

三、准确性

准确性是关于名录库数据与调查对象实际情况之间差异的测度。

对于利用部门行政资料转换生成的名录库数据来说，行政资料的准确性决定了名录库中相应指标数据的准确性。因此，识别和评估部门资料数据准确性，并尽可能避免使用准确性较低的数据，是名录库数据准确性的关键。一般可通过开展数据质量审核、抽查或检查等方式，评估名录库数据的准确性。

四、完整性

完整性是关于名录库单位各项指标是否都有数据的测度。由于行政资料中可用的指标可能无法覆盖名录库所有指标，仅使用行政资料维护名录库，会导致个别指标数据缺失，因此，需要通过拓展获取更多来源的数据，或者开展实地调查等方式补充缺失数据。一般可通过检查各类指标数据缺失率来评估名录库数据的完整性。

五、可比性

可比性是关于名录库不同单位之间、不同单位数据之间是否可比的测度。设计报表制度时，要规范调查指标的含义和统计口径，明确填报要求，避免出现各地区执行不一致的情况。调查指标或统计标准发生变更时，需及时建立新旧对照关系，否则将影响开展名录库数据时间序列分析的准确性。一般可通过检查不同期别“静态数据库”元数据是否一致，或能否建立不同期别元数据的转换关系，评估名录库数据的可比性。

六、一致性

一致性是关于名录库中代表同一信息的数据在不同位置是否相同的测度。例如法人单位与所关联的产业活动单位之间信息的一致性，部门单位和统计单位之间信息的一致性等。一致性是单位之间建立并维持有效关联关系的关键。如，产业活动单位填报的归属法人单位统一社会信用代码、名称等，与该法人单位填报的相应信息一致，才能准确建立法人和产业活动单位的关联关系；名录库中企业的统一社会信用代码，与市场监管部门注册的代码信息一致，才能准确建立名录库与部门行政资料的关联关系。一般可通过开展数据质量审核、与部门数据比对校验，评估名录库数据的一致性。

第二节 基本单位数据质量控制的手段

一、数据审核

（一）平台审核

名录库系统内设了一系列审核条件，其本质是查询语句代码，每一段代码对应查询出一类符合特定条件的数据错误或疑似数据错误的单位清单，即每一条审核条件可以查询出受该审核条件约束的审核差错单位。名录库平台至少每天执行一次全面审核，即针对所有法人单位和产业活动单位的全部审核条件自动开展审核。有特定要求时，也可通过系统设置限制条件，针对特定审核对象和审核条件开展审核。审核结果清单主要包含以下内容：审核条件对应的差错信息、执行审核的时间、审核条件审核的统计报表名称和指标等。

每一个审核条件除了核心的查询语句代码外，还包括以下 4 个内容。一是审核条件标签。用户可以通过审核条件标签直观地发现错误，相当于查询语句代码的文字化表述。二是审核级别。审核级别包括强制性、准强制性和核实性错误。强制性审核错误必须修改，准强制性审核和核实性审核错误要有清晰准确完整的备注说明。三是关联指标。部分审核条件关联了多个指标，则需要同时对多个指标进行核实修改。如，机构类型为村委会的单位，审核报错提示的是行业代码填写错误，但因同时关联到机构类型指标，统计机构或调查员需要同时核实行业代码和机构类型，并修改相应错误的指标数据。四是跨区域。部分审核条件的审核结果如果是跨地区的需要上级统计机构协调处理。

比如，某地区的法人单位和其他地区的法人单位统一社会信用代码重复，由于对非辖区内单位无查询和修改权限，两个地区共同的上级统计机构需协调两地区合作处理。

准强制性和核实性错误是提示单位信息有疑似错误，如遇到数据真实准确但仍触发了平台审核报错，调查员或统计机构可结合实际情况，通过填写真实有效备注信息以消除该类错误。备注信息应当明确地概括解释真实情况存在的原因，或提供有效的证明。比如，某事业单位引入外方出资，登记注册统计类别因填报"320"而报错，备注信息就应说明"该单位虽是事业单位，但确实引入了外方出资"，若只写"经核实无误"，则难以判断填报数据和备注信息的真实性。若备注信息不能有效解释审核报错数据的真实情况，名录主管机构在审核时就应当判定为无效备注，将审核错误退回下级统计机构或调查员重新填写。

名录库中备注信息填写的内容仅描述了调查时的状况，当审核错误对应的指标信息发生修改时，审核结果将会更新，对应的备注信息也应予以清除。统计机构应定期对备注信息开展检查，及时清理无效备注。

（二）人工审核

平台审核基本可以实现对常见数据错误的审核，但"单位所在地址"和"主要业务活动"两个指标的信息中包含特殊字符串，且一些分组指标设置了"其他"包容项，仍需开展人工审核。

由于特殊字符种类繁多，审核条件往往难以概括描述或穷举，该类数据需要人工审核识别。比如，地址填写不够详细、通过单位名称发现疑似不是名录库统计对象的单位、主要业务活动未按照规范要求填写等常见的审核错误。分组指标中一般会设置"其他"包容项，对大多数单位来说一般都可选择对应的选项，只有在极特别情况下才填报"其他"，此时可以结合其他指标来判断填写是否正确。比如，某单位名称是"XX局XX中心"，通过单位名称可初步判断该单位为事业单位，那么机构类型选择"其他"可人工判定为疑似错误，需要求下级统计机构或调查员调查核实。

(三)比对审核评估

除平台审核和人工审核外,还可通过分地区、行业、机构类型、登记注册统计类别、企业控股情况等指标分类对名录库数据进行交叉汇总,全面评估数据质量整体情况。

1.纵向比对审核评估

纵向比对,是将当期数据与往期数据进行相互比较。对当前名录库中单位数的各种分组数据和派生指标,与往期相应数据从总量和结构上进行纵向比对,分析变化趋势,发现异常变动情况。

2.横向比对审核评估

横向比对,是将不同地区的相关数据指标进行相互比较,或将某个地区的数据指标与全国平均水平进行相互比较。对不同地区单位数各种分组数据和派生指标进行横向比对,分析地区差异性,发现异常数据。

3.部门资料比对审核评估

将名录库数据与行政资料进行比对,也是评估数据质量的一种重要方式。通过与编制、民政、税务、市场监管等部门数据进行比对,计算各来源行政资料的行政单位纳入名录库的比例,从总量、结构和趋势上进行分析,发现异常数据。

二、过程监控

(一)流程监测

名录库是一个动态维护的数据库,维护工作是否正常开展不能简单通过数据有无变化来直接判断,而要开展流程监测。上级名录库主管机构通过流程监控,掌握下级机构是否按照业务流程要求完成相应操作的情况,包括:是否按期收集、预处理行政资料;是否按期整合生成行政资料数据表,并与名录库比对合并;是否及时开展实地调查,补充和完善缺失信息;是否按照审核要求核实修改错误数据,综合评估数据质量等。

流程监测一般按照每项工作具体要求确定开展的频率。比如，相关统计制度要求各地区每年2月和8月底各收集一次民政部门的行政资料，则该项工作的流程监测可安排在每年的3月和9月初。再如，市场监管部门数据每日共享至统计部门，名录库主管机构应每天进行监测。

（二）用户操作和日志监测

名录库系统对每一次数据、每一个用户的操作都进行了记录，可集中查看用户的所有操作日志。按照业务流程要求，需及时发现用户的异常操作。比如，用户修改数据频率过高或过低、特定业务时间段内没有使用过某些必要功能，或是在短时间内剔除大量单位等。各级名录库主管机构通过定期查看日志，可监测数据传输情况和系统运行情况；通过定期监测用户操作，可对下级名录库主管机构开展流程质量控制，监测主要业务环节工作的开展频率、时间和完成情况。

（三）数据核查

统计机构定期开展名录库数据质量检查，主要包括流程检查、单位界定检查、主要指标数据检查。

流程检查。是采用随机抽样等方式抽取若干个下级统计机构，参考流程监控的要求，检查业务流程中各个工作步骤的完成进度，整理分析所有参与名录库管理和数据维护用户的操作日志，检查遗漏和异常操作。检查发现问题时，要求下级统计机构及时予以纠正，同时加强指导和培训。

单位界定检查。首先采用随机抽样等方式抽取若干个下级统计机构，然后采用分层抽样或整群抽样等方式，对其辖区内名录库中的法人单位和产业活动单位抽取若干或全部样本，通过实地走访，检查这些单位是否应纳入名录库、是否已经消亡、单位类型划分是否正确。如果检查发现问题严重时，将要求下级统计机构全面重新梳理所有名录库单位，必要时开展专项调查。

主要指标数据检查。首先采用随机抽样等方式抽取若干个下级统计机构，然后采用分层抽样或整群抽样等方式，对其辖区内名录库中的法人单位和产业活动单位抽取若干或全部样本，通过实地走访重新开展调查，对比新调查得到的基本单位统计报表和原有报表，计算每个指标的差异率。检查发现数据差错率较高的，将继续扩大抽查范围。

三、技术手段

通过加强数据采集过程管理、积极推动运用现代化信息技术、记录和分析数据采集过程信息等方式，有助于更好开展全过程质量管理。目前，国家统计局正在开发名录库移动端采集程序。开发能用于手持移动终端或智能手机端的名录库采集软件，实现真正意义上的移动采集，实时访问服务器数据库并发生数据交互，将数据采集、审核、验收等环节提前到实地入户调查阶段，及时发现重报漏报情况，及时发现填报数据错误情况，争取名录调查"只跑一次"。

第三节　调查单位数据质量控制的手段

一套表调查单位确认和管理可以分为调查单位出入库管理及调查单位全流程管理，出入库管理主要针对调查单位的入库和退库行为，调查单位全流程管理从事前、事中、事后全流程各环节，综合运用多种方式进行管理。调查单位数据质量控制由名录库主管统计机构和专业统计机构共同负责，按照职责分工开展。

一、调查单位出入库管理

根据"先进库，后报数"原则，调查单位只有先申报纳入一套表统计调查单位库管理，才能报送数据。单位入库是一套表调查单位管理的起点，对入库资料的审核是一套表调查单位数据质量控制的基础。

（一）一套表统计调查单位入库的质量控制方法

统计机构对拟纳入单位提供的证明资料进行严格检查和把关。

1. 工业、批发和零售业、住宿和餐饮业、服务业

入库标准通过年主营业务收入(营业收入)设定,要求调查单位在申报材料中提供截至申报期最近1个月(或1季度)加盖单位公章(或财务专用章)的《利润表》复印件,打印并加盖税务部门和单位公章的《增值税纳税申报表》,或打印税务网上申报系统查询的《增值税纳税申报表》整屏截图(带查询页面的完整表)并加盖单位公章。对于利润表中的主营业务收入(营业收入)数据,统计人员根据"主营业务收入"和"其他业务收入"会计科目的财务明细账对相关数据进行核对,并结合增值税纳税申报表中应税货物销售额、审计报告等对主营业务收入(营业收入)进行核验;也可以通过税务部门提供的入库申报期的增值税纳税申报表,比对应税货物销售额数据与入库申报材料中的主营业务收入(营业收入)数额是否一致,判断入库资料是否真实准确。

2. 建筑业、房地产开发经营业

统计机构对"建筑业企业资质证书"或"房地产开发企业资质证书"原件进行核实。

3. 固定资产投资项目

统计机构查看可证明项目计划总投资的材料(审批核准备案文件、购置合同、其他证明材料等)和证明项目开工的材料原件(施工合同、施工许可证、财务凭证、购置证明材料等),同时实地查看项目现场,对项目铭牌、项目现场进行确认。

关于建设项目的批复(或备案)文件、证明项目计划总投资的材料、证明项目开工的材料,统计机构可前往发改、经信(工信)等相关部门进行现场核实。

(二)一套表统计调查单位退库的质量控制方法

对于在库单位,统计机构可通过以下方法,核查核实在库企业是否存在应退未退行为。对于申报退出的单位,也可通过以下方法,核实企业是否已经不符合在库单位的要求,核实企业是否存在虚假退出的情况。

1.线上核查

统计机构通过“国家企业信用信息公示系统”进行查询，核查调查单位的真实性、企业经营状况，是否处于异常经营状态等。

2.相关资料核查

(1)工业、批发和零售业、住宿和餐饮业、服务业。统计人员通过调取税务部门增值税纳税申报表中应税货物销售额数据，与在库单位的入库标准进行比对，核查调查单位是否符合退库标准。

通过重点核查会计账中“主营业务收入”和“其他业务收入”科目数额，并结合增值税纳税申报表中应税货物销售额、审计报告等对主营业务收入(营业收入)进行验证，统计机构可核查核实调查单位是否已符合退库标准。

(2)建筑业、房地产开发经营业。统计机构可通过调取住建部门已注销或吊销单位名单，与在库单位进行比对，核查调查单位是否符合退库标准。

通过核查建筑业在库单位是否具有建筑业企业资质，房地产业在库单位是否正常经营，确认调查单位是否已符合退库标准。

(3)固定资产投资项目。统计人员重点对所属项目是否已全部完工进行核查，确认调查单位是否已符合退库标准。

对于在库法人单位，还可通过与市场监管部门已注销或吊销单位名单进行比对，核查调查单位是否符合退库标准。

二、调查单位全流程管理

(一)事前管理

基层统计机构对拟纳入单位提供的证明资料严格把关，通过实地走访的方式确认单位真实性、证明资料真实性、单位信息准确性。通过加强有关部门行政登记资料应用、开展基本单位统计调查或使用其他统计资料，及时发现调查单位信息需变更或退出的情况，及时申报变更或退出。

各级统计机构积极推动部门信息共享，提高统计工作效率。例如，利用市场监管等部门共享信息识别单位的运营状态，核对单位是否存续、正常运营；识别单位的单位类型和身份信息，核对单位是否为法人单位、统一社会信用代码和单位名称是否准确；识别单位的部分属性信息，核对单位的注册地址及区划、统计类别、法定代表人等信息是否准确。再如，利用税务等部门的行政登记资料，核对单位运营状态是否存在异常、是否达到规模（限额、资质）标准等。

（二）事中审核

各级统计机构严格执行有关统计报表制度和文件要求，对一套表调查单位的基本情况表、审核登记表、申报材料等信息开展审核，对联网直报的基本情况年报数据开展审核，对各专业的生产数据进行核查。对于基本情况表和入库资料进行审核时，充分运用数据处理系统预制的审核公式及查询模板，对各类属性指标填报的完整性、规范性、合理性和指标之间的逻辑关系进行检查，对法人单位和所属产业活动单位关联关系的准确性进行检查；同时充分依靠业务人员的经验，结合地方经济发展状况、产业特色、地域特点、方言习惯等，有针对性地发现错填、奇异值、异常数据等问题。除此之外，对分组指标中填报了“其他”选项的，调查对象填报的审核备注信息也需进行人工审核。对各专业的生产数据进行审核时，根据各相关专业的要求，可使用平台审核公式、审核模板以及异常企业查询等多种方式进行数据审核，并充分利用大数据查找疑似问题单位，进行重点核查。

综合分析评估也是审核的重要手段。通过分析地区和行业分布、登记注册统计类别和控股情况等主要指标分组汇总，发现不协调、不匹配等问题时，进一步查询有关单位数据。对新增或变动的调查对象以及总量较大、数据波动异常的调查对象和地区的数据进行重点核查。对各地区、各行业数据进行协调性、匹配性、相关性等多维度审核。通过与有关部门行政登记资料比较，与历史信息比较，与存在关联性的其他统计数据比较，发现变动趋势异常的情况，识别异常单位信息。

（三）事后核查

各级统计机构按照业务要求，对一套表调查单位定期开展一定比例的抽查，现场核查单位真实性、单位身份信息和主要指标信息准确性、运营状态准确性、规模（限额、资质）标准情况。

对一套表调查单位变化趋势异常的地区，加大现场核查力度，增加核查比例和核查次数。对经综合分析评估发现异常的调查对象，可以利用部门信息、历史信息或其他信息，有针对性地进行重点核查，以便更精准的发现问题、识别问题和解决问题。

第四章　地理信息应用

第一节　地理信息的含义

一、地理信息的基本概念

地理信息是指与空间地理分布有关的信息，它表示地表物体和环境固有的数量、质量、分布特征，联系和规律的数字、文字、图形、图像等的总称。地理信息属于空间信息，其位置的识别是与数据联系在一起的，具有区域性特征。地理信息同时具有多维结构的特征，即对同一位置可获得多个专题和属性的信息结构。例如在一个地面点位上，可取得高度、噪声、污染、交通等多种信息。由于地理信息存在明显的时序特点，即动态变化，因此要及时采集和更新它们十分必要，可帮助统计人员根据多时相数据和信息获取随时间变化的分布规律，进而对未来作出预测或预报。

地理信息系统（GIS）是重要的空间信息系统，是以采集、贮存、管理、分析和描述整个或部分地理现象信息为主要功能的综合系统。

二、地理信息系统的功能与作用

地理信息和信息技术结合产生地理信息系统（GIS），它能对地理信息数据进行采集、管理、处理、分析和输出。GIS 依托这些基本功能，通过利用空间分析技术、模型分析技术、网络技术、数据库和数据集成技术等，为统计人员提供多种应用。

（一）数据采集和编辑

地理信息系统中的数据一般分为不同的专题，比如地形、人口和水文等，数据采集编辑的作用就是保证实体的地物要素按顺序转化为 X、Y 坐标，并将对应的代码输入到计算机中。

（二）数据存储和管理

数据库是数据存储和管理的载体，地理信息系统数据库是地理要素特征以一定组织方式存储在一起的相关数据的集合。地理信息系统数据库存储的空间数据之间具有显著的拓扑结构，因此，对地理信息数据库要明确定义其数据库的访问、提取、更新和维护等方式。

（三）数据处理和变换

由于地理信息系统涉及的数据类型具有多样性，对同一种类型的数据，其质量也可能有较大的差异。为了保证系统数据的规范和统一，需要对数据进行处理和变换。

数据变换是指将数据从一种数学状态变换为另一种状态，包括投影变换、比例尺缩放、误差改正和处理等。

数据重构是指将数据从一种几何形态转换为另一种几何形态，包括数据拼接、数据截取、数据压缩等。

数据抽取是指将数据从全集合到子集的条件提取，包括类型选择、布尔提取和空间内插等。

（四）空间分析和统计

空间分析和统计功能是地理信息系统应用的一个独特领域，其主要特点是帮助确定地理要素之间新的空间关系，这使地理信息系统成为区别于其他类型系统的一个重要标志，也有助于灵活解决多种问题。空间分析和统计功能主要包括拓扑叠加、缓冲区功能、数字地形分析、可视化展示等。

拓扑叠加：通过将同一地区的不同图层特征相叠加，以建立新的空间特征，并且将输入的特征属性予以合并。利用此功能，可以进行多条件的查询、地图裁剪、地图更新等。

缓冲区功能:根据数据库的点、线、面实体,自动建立各种类型要素的缓冲多边形,用以确定不同地理要素的空间接近度或邻近性,这是地理信息系统重要的空间分析功能之一。

数字地形分析:地理信息系统提供了构造数字高程模型及有关地形分析功能,包括坡度、坡向、山谷线等,为地学研究和工程设计等提供重要基础数据。

可视化展示:地理信息系统可以提供各种地图、图像、图表和文字,其中地图图形输出是地理信息系统的主要表现形式,包括各种类型的符号图、动线图、点图、立体图等。

第二节　地理信息的应用场景

一、统计用地名地址库

任何统计调查对象,包括法人单位、产业活动单位、个体经营户、住户、居民等,必定位于地表某一建筑物或地址点,统计调查时都能得到其详细地址,如果统计部门能获得一个范围广、地址全的地名地址库,就可以将调查对象的详细地址转换为经纬度,为地理信息与统计信息的相互联结提供一个重要桥梁。如此一来,地理信息技术在统计工作中的全面深入应用就有了基础,空间位置信息在统计工作中也将发挥更大作用。

统计用地名地址库是指由带有经纬度坐标的全国范围地名地址信息列表组成的数据库系统,由统计部门负责日常维护,主要作用是支撑统计数据与地理空间信息整合以及协助开展日常统计调查和普查工作。

(一)统计用地名地址库的作用

统计用地名地址库建设有助于推进地理信息数据及相关技术在我国统计工作中的进一步深入应用,有利于改进统计工作方式、提高统计工作质量和效率、扩展统计服务领域，特别是可用于名录库空间信息及时维护更新、辅助普查和统计调查工作、历史统计数据同口径比较和调整、抽样调查方法改革以及基于空间框架的各类统计信息整合、挖掘与服务等。

（二）为统计调查对象增加地理空间编码

名录库维护更新方式主要有全面更新和部分更新两种[①]。日常维护更新工作中会发现，名录库中来源于经济普查的单位有经纬度坐标，但通过日常维护新增的单位却缺乏坐标，且难以通过有效手段获取，进行及时全面更新的难度较大。

（三）获取单位地理信息

在名录库中增加或变更单位时，如果将单位的详细地址与地名地址库进行匹配，通过地理编码技术就可获取该单位的空间经纬度坐标，不需到现场实地采集坐标。由此，我们设计一种方法，可实现对名录库行政区划代码的全面、准确、及时、可溯源的批量维护更新。基于普查年份获得的完整行政区划电子边界，在非普查年份根据国家行政区划调整方案进行调整更新，从而获得不同年份的电子边界；然后利用基于地理信息的电子围栏技术，根据名录库中各单位的经纬度坐标，快速获取各单位在不同年份电子边界中对应的12位行政区划代码。此外，地名地址库还可为其他各类统计调查对象提供空间位置信息，有利于解决部门行政记录数据的不足（有地址信息，但缺乏12位区划代码）。对名录库、一套表调查单位及其它统计对象的位置信息进行日常更新，可以在非普查年份实现地理信息系统与日常统计工作的连接，使及时在地理信息系统中加载最新微观统计数据成为可能，从而有效提升统计数据空间分析和可视化展示水平，为更好发挥统计监督、分析评估作用，推进国家治理体系和治理能力现代化，进一步深化统计现代化改革，提供更加全面准确、精细可视的统计信息和技术支撑。

---

① 参考本书第二章第二节。

(四)快速生成普查区地图,提升普查工作质效

统计用地名地址库建设需要以普查工作为基础,通过普查区划分与绘图,得到可能存在普查对象的全部建筑物或地点的详细地址信息,以及相应的经纬度坐标。由此获得的全国地名地址信息虽然数据量比较大,但具有相对稳定性。如果对这些地名地址信息及电子边界进行有效管理和日常维护更新(主要是新增地址及调整区划边界),则到下次普查时普查区划分与绘图工作量将极大减少,只需对相应地名地址点或建筑物信息进行补充维护更新。在此基础上,将更新后的地名地址信息与天地图集成在一起,就能在单位清查前快速生成一张准确性较高的普查区地图用于指导普查工作。由此一来,地名地址库可在普查中发挥规划路线、制定计划、监控进度、交接工作、普查对象空间定位等作用,帮助基层普查人员更好利用清查底册,开展"地毯式"清查,并协助开展事后质量抽查等工作。通过普查成果的积累和再利用,有助于减少基层普查重复工作量,提升普查工作质效。

(五)按地理区域进行历史数据汇总

行政区域边界每年都有可能变化,基于行政区划汇总的历史统计数据,往往因为区域的调整对其可比性造成影响。全部普查对象或统计调查对象只要有了经纬度坐标,数据汇总、分解就可应用于各种类型的地理区域,从而实现按现有行政区划对历史数据进行汇总、按历史行政区划对现有数据进行汇总或者按任意区域对历史数据和现有数据分别进行汇总,以确保数据比对时区域口径的一致性。通过统计用地名地址库,只要保留历年行政区划电子边界及各年统计或普查对象的微观信息及经纬度坐标,就能方便、快速地对历史统计数据进行比较。尤其是面对行政区划大调整情形时,利用地名地址库与普查、调查对象的关联关系计算有关参数,再对历史统计数据进行调整、分劈,有助于提高统计数据分析的科学性。

二、普查区划分及绘图

普查区划分及绘图是经济普查中单位清查和普查登记的重要基础

性工作。做好普查区划分与绘图有助于摸清普查对象地域分布、合理安排普查任务、规划清查路线，是实现“地毯式”单位清查的关键步骤。以下以第五次全国经济普查为例进行介绍。

普查区划分与绘图工作的主要内容包括县级及以上边界划分，乡级和普查区边界划分、建筑物标注和普查小区划分等，具体操作以第五次全国经济普查普查区划分与绘图系统（以下简称标绘系统，包括平台端和小程序端）为主要载体，相关工作流程见下图 4.1。

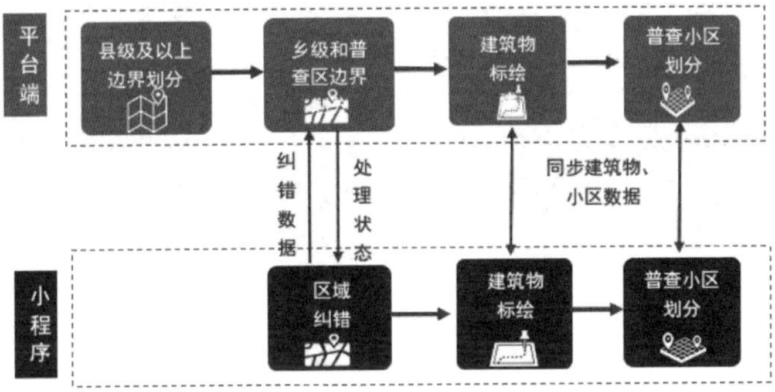

图 4.1　第五次全国经济普查普查区划分与绘图全流程示意图

（一）普查区域划分标准和原则

经济普查区域包括省级（指省、自治区、直辖市）、地级（指地级市、州、盟）、县级（指县、县级市、区、旗）、乡级（指乡、镇、街道）、普查区（居委会、村委会）和普查小区共六级。

普查区域的划分原则。以 2023 年《统计用区划代码和城乡划分代码》[①]为基础，按照统计用管辖地域情况划分普查区及以上区域。每个村（居）民委员会管辖的地域范围划分为一个普查区，每个普查区可根据需要划分为若干个普查小区。

普查区域划分的基本要求。一是每个普查区域均为完整、封闭的区域。二是各普查区域不重叠，相邻普查区域之间只能有一条边界线。

① 见附录三《统计用区划代码和城乡划分代码编制规则》。

三是区域内所有普查区域合并后应与该区域范围相同，如图 4.2 所示。四是归属于某个区域管理但实际位置在另外一个区域范围内的飞地，可以作为一个封闭区域划归其归属的区域（如图 4.2，a 地块即为 C 村飞地）。五是归属地和实际位置处于同一县内的为本埠飞地，处于不同县的为外埠飞地。

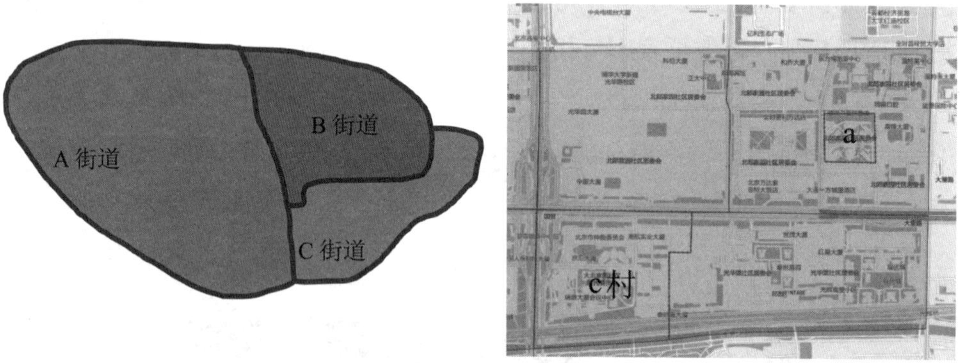

图 4.2　普查区域合并示意图

（二）县级及以上边界划分

国务院经济普查办公室在标绘系统中加载融合了第七次全国人口普查中普查区边界后的底图，省级普查机构组织市、县级普查机构对县级及以上区域边界进行核实、协调。

市、县级边界变动，由上级普查机构在标绘系统中标注正确边界，并上报情况说明（如图 4.3），最终由国务院经济普查办公室进行审核、调整，完成县级边界调整。涉及跨省飞地和跨省边界调整的，须做好省间协调，待一致同意后，填写情况说明，报国务院经济普查办公室审核、调整。

图 4.3　市、县级边界变动标注处理示意图

(三)乡级(镇、街道)和普查区边界划分

县级边界确定后,县级普查机构组织乡级、普查区普查员,确定乡级边界和普查区边界。相邻普查区工作人员按照管辖区域范围内共同认定新的普查区边界。对边界认定不一致的,由上级普查机构组织相关人员共同认定。县级普查机构通过调整普查区边界实现乡级边界调整。

普查区边界划分要求。一是乡级边界和普查区边界必须与实际地理位置相符,与上级区域边界协调一致,完整覆盖所在县级地域,做到不重不漏。二是普查区边界要尽可能以明显的地物(街巷、道路、河流、田埂等)作标志,做到清晰明确、易于识别,切实起到清楚界定地域范围、明确普查责任分工的作用。三是若普查区边界在沙漠、山顶、河道等区域中,可示意性居中划分。四是普查区边界不应穿过建筑物。

普查区边界的调整可以通过对普查区拆分、相邻普查区合并和挖洞三个办法实现。

一是普查区拆分。如图 4.4 所示,拆分可用于将 A 村一分为二,即拆分成 B 村和 C 村两个新的面。

二是特定平面合并。如图 4.5 所示,合并可以将 A 村、B 村合二为一,形成整体平面。拆分与合并也可根据实际需要组合使用。

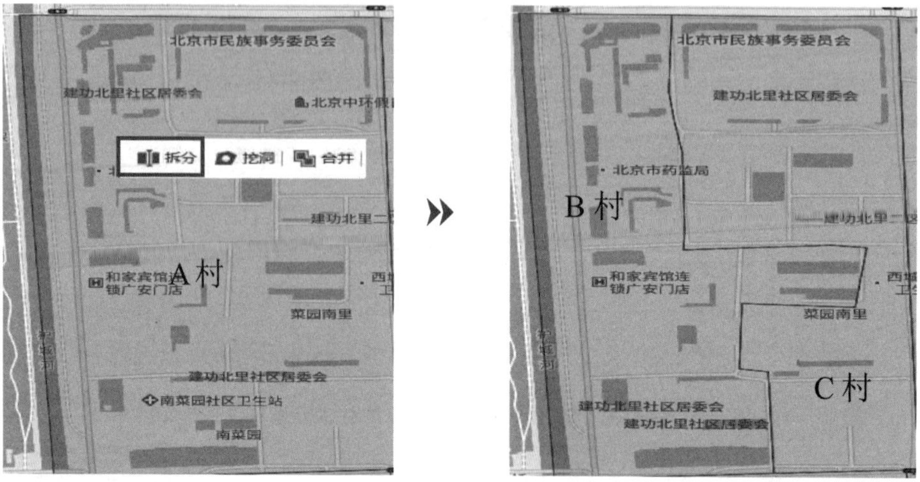

图 4.4　普查区划分示意图

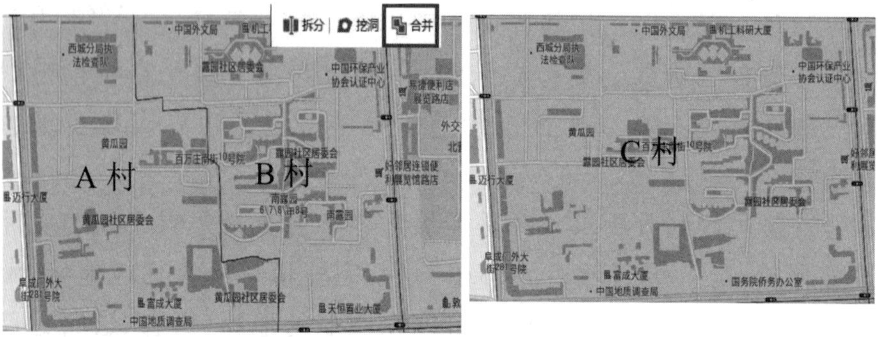

图 4.5　普查区特定平面合并示意图

三是特定平面挖洞。如图 4.6 所示，挖洞可以在特定区域内，挖出特定图形，常用于飞地调整。

划定好普查区后，可在系统中对普查区命名，有以下四个注意事项。一是使用 2023 年统计用区划代码的村(居)民委员会名称为普查区命名，以“村(居)民委员会”结尾，不得使用简称或习俗名称。二是在同一乡镇所辖区域范围内，普查区名称不得重复。三是按照 12 位统计用区划代码赋予每一个普查区地址代码。四是区划代码存在但相关地域不存在的，可标记为空壳村。

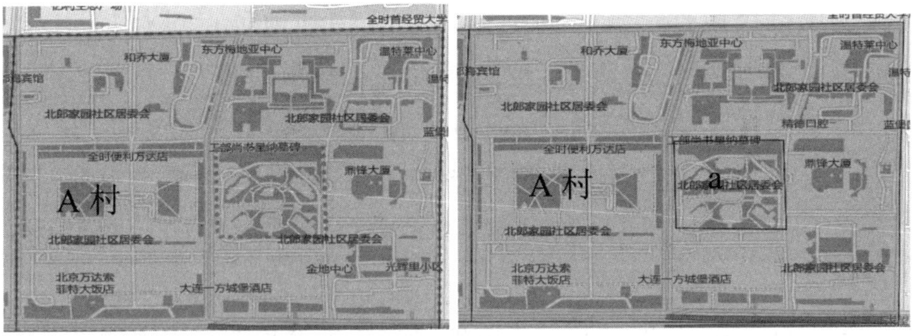

图 4.6　普查区特定平面挖洞示意图

普查区划分与绘图完成后，还需在系统中对普查区进行审核。普查区边界调整完成后，标绘系统将着重审核以下几类错误(如图 4.7)：存在未处理飞地、存在未处理移动端纠错、存在图形待分配、存在不明缝隙、出现普查区重叠等。若存在审核错误，普查员需根据提示修改数据，完成系统审核。

图 4.7　普查区审核示意图

(四)建筑物标注

县级普查机构组织在地图上用点标注有基础墙、顶、门、窗的房屋、办公楼、商场和居民楼等建筑物，并采集建筑物详细地址、名称、类型和经纬度等信息。

建筑物标注采取以下方式开展。一是普查员使用手持电子终端在普查区现场按民政部门颁发的地址对建筑物和地址点进行标注。二是对于地图中建筑物轮廓清晰，地址清楚的，可不到现场，直接在平台端标注。对于标注结果存疑时，应通过手持电子终端现场核实，重点核实建筑物的相对位置是否有错，详细地址是否准确清楚等。三是一个建筑物有多个底商(地址点)的，可将 10—20 个底商(地址点)合并为一个地址点标注。

建筑物标注需采集名称、详细地址、类型等信息，其中建筑物编码为四位阿拉伯数组成，可人工编码，也可系统自动编码，不可为空。

如果建筑物名称是对建筑物位置的补充描述，可以使用民政部门许可的通俗名称(如新华大厦)，住宅小区名称(如三里河一区 5 号院)或对位置信息的具体描述(如三里河一区 5 号院南门底商)，一般不用单位名称。如果详细地址由普查员填写，不可为空，不得少于两个汉字，且在同一县级区域内不可重复，应尽量填写标准、完整的门牌号(如月坛南街 75 号)。如果备用地址作为详细地址的补充说明，可根据实际需要进行选填。建筑物类型包括办公楼、底商、居民楼、商住两用楼、商业综合体、公寓、图书馆、学校、医院、剧院、其他公共建筑和其他。建筑物标注的点要求在建筑物轮廓范围内，其经纬度通过标绘系统后台自动获得，如图 4.8 所示。

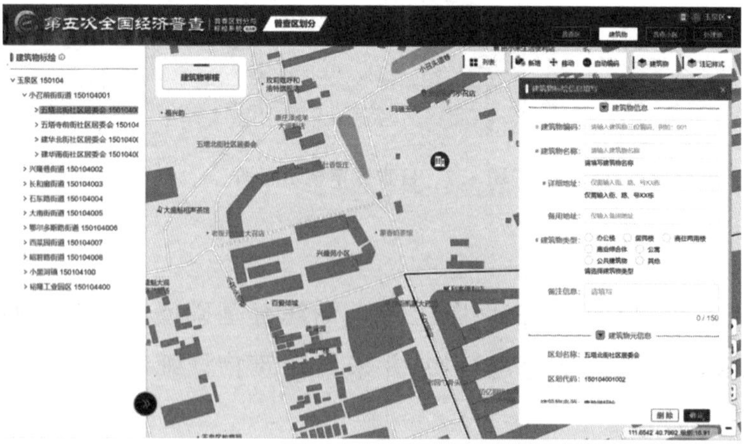

图 4.8　建筑物标绘示意图

建筑物信息采集时，也可打开参考建筑物图层，根据需要选择参考建筑物，系统将自动代入建筑物信息，普查员需仔细核对信息正误，如图 4.9 所示。

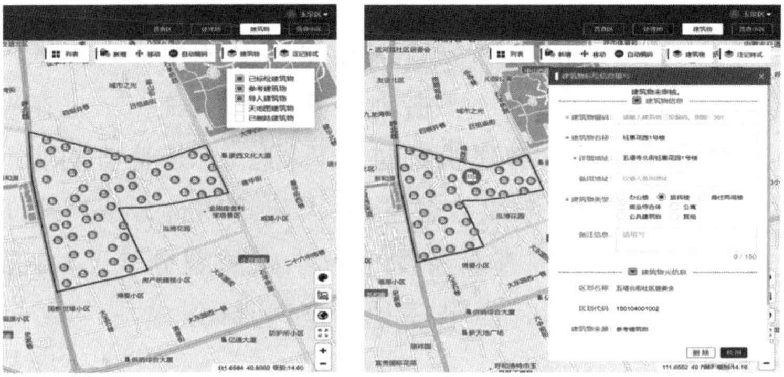

图 4.9　建筑物信息获取示意图

建筑物标注需注意以下两方面工作要求：

1. 应标尽标。一是县级普查机构组织人员在地图上用点标注所有可能存在普查对象的建筑物。二是确定没有经济普查对象的建筑物不标注。三是不能确定没有普查对象的居民楼和商住两用楼应当标注。对居民楼进行标注时，先看楼体是否有广告，其次咨询物业管理员，最后比对底册是否有普查对象在居民楼内。四是有普查对象的集市等固定场所，可作为一个建筑物标注。五是对于普查对象较少的农村地区，可将一个村作为一个建筑物点采集。

2. 按实标注。一是电子地图显示的建筑物信息与实际情况不一致时，应根据建筑物的实际情况进行标注。二是地图上没有建筑物轮廓而实际存在的建筑物，可根据手持电子终端定位系统进行标注，或参考其他建筑物或地标的相对位置进行标注。

待普查区内的建筑物信息采集完，标绘系统将着重审核建筑物数据是否存在以下错误：建筑物超出普查区范围、建筑物名称重复、建筑物地址重复、信息填写不完整、建筑物编号重复、建筑物未编号等，若存在审核错误，普查员需根据提示修改数据，直至审核通过。

（五）普查小区划分

乡级普查机构组织普查员，根据建筑物和普查对象的分布情况，将普查区划分为若干个普查小区。主要工作内容涉及确定规模和确定边界。

确定规模时采用的工作方法。一是原则上一个普查小区内的经济普查对象（包括个体经营户）一般控制在150家左右。二是在保证小区规模的前提下，尽可能不对建筑物进行拆分。三是普查对象远超150个的单个建筑物，可通过增加节点，将超大建筑物拆分成多个虚拟普查小区（如图4.10所示），普查员备注虚拟小区的划分情况，并按划分的虚拟普查小区开展工作。四是飞地应独立划分成一个或多个普查小区。

图4.10 建筑物拆分示意图

确定边界时采用的工作办法。一是根据普查区内建筑物和普查对象分布情况划分普查小区，标绘普查小区边界线。普查小区边界要尽可能以明显的地物（街巷、道路、河流、田埂等）作为标志，要对不明显边界做文字标注。二是普查小区边界不应穿过建筑物。三是所有普查小区必须完整覆盖所在普查区，不能超出普查区范围，做到不重不漏。四是在标绘系统内确定普查小区的边界时，同样有拆分、合并、挖洞基本处理办法，具体操作与确定普查区边界类似。

（六）普查区划分与建筑物标注验收审核

县级普查机构负责对本级普查区和普查小区地图进行审核，使用标绘系统检查普查区和普查小区边界是否不重不漏，数量、代码和名称是否与规定的一致。审核工作主要分为建筑物审核与实地审核两种方式。

建筑物审核的主要方式。县级普查机构负责本区域建筑物标注的审核，核实的信息包括建筑物的名称、地址及在地图上的位置等，使用标绘系统检查建筑物标注是否符合要求，核实建筑物信息是否有遗漏，核实建筑物地址是否为空，是否有重复等。

实地审核的主要方式。一是县级普查机构组织普查工作人员进行实地走访，核实普查区和普查小区边界，重点核实划分时存在疑问的边界，并通过标绘系统修改确认。二是抽取部分区域核实建筑物标注情况，重点核实区域内建筑物明显偏少等情况，组织人员及时进行补充标注和修改。

（七）普查小区图绘制

完成数据验收审核后，县级普查机构组织乡级、村级普查机构在标绘系统中生成包含普查小区边界、建筑物标注信息的普查小区底图，并发送至普查员。

普查员可持手持电子终端，实地勘察本普查小区内建筑物分布情况。如发现遗漏了可能存在普查对象的建筑物，应补充标记，填写建筑物名称、地址和类型等信息。如发现建筑物已被拆除，应相应作删除处理。如发现建筑物名称、地址、类型等信息有误，应据实修改相关信息。

普查员也可持纸质普查小区底图进行实地勘察与信息审核修改，对照纸质底图，在标绘系统集中录入修改信息。

第五章 基本单位资料的开发应用

第一节 基本单位资料开发应用概述

一、基本单位资料开发应用的重要意义

基本单位资料是调查对象的“户口本”，包括我国境内全部法人单位、产业活动单位的识别信息、联系信息、属性信息等。通过“户口本”管理，可以摸清我国基本单位的数量，全面了解各类单位的组织形式、经济构成、发展规模以及地区布局、行业分布等情况，客观反映我国推动高质量发展、构建新发展格局、建设现代化经济体系等方面的新进展，具有非常重要的经济和社会价值。

基本单位资料开发应用的服务目标是：为政府和社会各界了解我国经济发展的基本情况提供资料；为各级政府和相关部门制定政策、规划和进行宏观调控、行业管理提供依据；为企业提供市场信息；为开展抽样调查提供抽样框和为检验数据质量、开展统计预测与估算提供基础数据。只有最大限度地发挥基本单位资料的利用价值，深入、系统地开发应用好基本单位资料，才能更有效发挥统计信息、咨询和监督职责，提高基本单位统计数据的社会效应。

二、资料开发应用的目标、主要内容及形式

（一）基本单位资料开发的目标

基本单位资料整合了相关部门单位名录信息，建立和完善了部门

间相互衔接、互为补充并能适时更新的基本单位名录库，为各项普查和抽样调查提供了完整的“字典库”和抽样框。同时，基本单位资料进一步摸清了全国三次产业规模、布局、经济结构等家底，为我国传统经济支柱行业以及新兴产业画像，为国家经济结构战略性调整、城乡规划建设、社会监管等提供基础信息和咨询意见。

为了达到这两个基本的目标，在基本单位资料的开发应用过程中，应着重把握以下几条原则。

1.采取多种形式，适应多方需求

基本单位资料的服务对象包括各级政府、业务主管部门、科研单位、企业和社会公众等各个方面，它们的需求也各不相同。因此，应针对不同的需求，采用多种形式开展基本单位资料的开发应用工作，包括编印年鉴、编印资料汇编、撰写统计分析报告、建立数据库、开展信息咨询、网上查询服务等，这些形式要根据具体情况灵活运用。

2.充分应用基本单位资料，结合使用相关资料

资料开发应用在充分利用基本单位资料基础上，在分析研究过程中可以结合使用各部门、各专业的统计资料。基本单位统计资料不是孤立的一次性调查，它与其他专业统计既有明确分工，又紧密结合，所以在资料开发和应用上也应体现这种分工与结合的关系，并做好两方面资料口径衔接工作，避免数据使用混乱。

3.分清轻重缓急，兼顾当前长远

基本单位资料开发应用的内容繁多，应明确优先次序和开发重点，有计划有步骤地进行。一般来讲，首先快捷地提供和公布基本单位总体情况的综合信息，同时建立功能完善的基本单位数据库，以便随时根据多种需要进行再加工。开发应用资料的内容，除了基本单位总量信息外，总体内部的结构与分布应是开发的重点，这是基本单位资料开发的优势所在。根据基本单位资料开展分析研究，既要及时反映基本单位的现状，对当前经济工作中存在的热点、难点问题进行分析，更要从长远发展的角度，研究经济结构和布局中的一些规律性的问题，以充分

发挥基本单位资料的作用。

4.实事求是，防止主观片面

实事求是是统计工作的基本要求。摆情况、找问题、查原因、提对策都要注意坚持实事求是的原则，利用准确可靠的基本单位数据，对社会经济现象进行全面、深入、系统的分析研究，切忌主观臆断，按主观设想去找例证、凑数据。特别注意不能为迎合某种需要，去造假数据、说假话、写假报告。

同时，在基本单位资料的开发应用中，不能墨守成规，局限在一些常规的统计分析。一定要利用基本单位资料的丰富性和全面性，结合新的经济理论、新的统计方法、新的统计手段进行探索。还要充分发挥社会各界，特别是其他管理部门、科研院所、大专院校的力量，与他们组成联合攻关小组，取长补短，争取多出快出优质产品，为社会服务。

（二）基本单位资料开发的主要内容和形式

基本单位资料开发应用围绕两个目标展开。一方面做好建库联网工作，即利用基本单位资料，建立“全国一库”的国家基本单位名录库，即在全国建成唯一的、部门间相互衔接、互为补充、信息共享且能适时更新的中国基本单位名录库管理系统。同时，利用基本单位资料，研究建立全国基本单位地理信息系统。另一方面，在对基本单位资料综合整理的基础上，紧紧围绕“十四五”规划《纲要》的目标任务，有重点地开展国民经济结构战略性调整、现代化产业体系、数字经济、平台经济以及区域、城乡协调发展等专题的分析研究。

结合其他统计调查结果，重点研究以下内容。

1.基本单位的分布状况：重点分析基本单位分布特征和变动规律性，以及基本单位经济总量的地区分布、资本和人力资源配置情况，为资源的合理配置以及推动各地区经济协调发展提供咨询意见或建议。

2.经济实力研究：分析各地区单位、资产、从业人员等总量的现状及其变动情况，为地区经济存量调整、增量布局提供咨询意见或建议。

3.经济结构研究：分析产业结构、规模结构、所有制结构等现状及其变动情况，为相关战略性调整提供咨询意见或建议。

4. 先进制造业和现代服务业研究：分析先进制造业和现代服务业的现状及其在国民经济中的地位与作用，研究提出先进制造业和现代服务业各自的重点发展方向等意见或建议。

5. 数字经济及平台经济发展现状研究：分析数字经济及平台经济发展的现状与问题，为各级政府制定数字经济及平台经济发展战略提供咨询意见或建议。

6. 区域、城乡协调发展研究：以京津冀、长三角、粤港澳大湾区以及长江经济带等区域为对象或参照，以地区城乡基本情况进行比对，分析区域、城乡的要素分布和产业链布局，为推动高质量发展提供咨询意见或建议。

7. 经济效益研究：根据各类单位经济效益水平及其差异，从动态上分析经济效益的变化及影响因素，并通过不同类型企业经济效益对比揭示提高经济效益的潜力。

基本单位资料开发应用应从不同角度，采取不同形式服务于国家，服务于社会。主要有以下一些方式。

(1)建立维护全国基本单位名录库管理系统；

(2)建立分专业的字典库和抽样框；

(3)编辑基本单位综合性资料；

(4)编辑分专题的系列资料；

(5)提供综合与专题分析报告；

(6)提供非保密咨询资料；

(7)建立并维护地理信息系统；

(8)提供社会公众咨询服务。

三、资料开发应用的组织实施与成果发布

各级统计机构成立专门的资料开发应用工作小组或指定专人负责资料开发应用工作，统筹安排和充实资料开发应用力量，真正把资料开

发应用工作落到实处。各级统计机构制定切实可行的资料开发应用计划，筹集研究经费，确定研究开发工作的进度及目标，同时加强对下级机构资料开发应用工作的培训与指导。为提升分析产品应用开发效果，可组成若干课题研究组，分别对特定的课题进行攻关研究。课题组组成人员以基本单位名录库主管机构为主，同时吸纳政府部门、研究机构、大专院校等单位的经济专家和统计局内各专业处室人员参加，组成写作小组承担综合报告和专题报告的撰写工作。

通过对基本单位资料全面、深入、系统的分析研究，最后形成若干的资料开发应用成果，这些成果可以通过多种形式，充分利用多种新闻媒体，向社会广泛宣传与发布。主要形式如下。

1. 网络发布。基本单位资料的重要成果和信息可通过统计数据发布库等渠道及时发布。

2. 书刊形式发布。如将基本单位资料开发应用成果编印成年鉴、论文集和专题报告公开发行。

3. 光盘及其它磁介质形式发布。如根据部门和社会各界的需要，编辑出版重点行业等数据资料光盘或其它磁介质，在一定范围内或全社会公开发行。

4. 通过微观数据实验室开放基本单位微观数据。对基本单位数据进行抽样和匿名化处理，对较高敏感度的数值型变量采用截断法处理，加工形成基本单位微观数据集，通过国家统计局和部分高校的微观数据实验室开放给科研机构和研究人员使用。

第二节 基本单位资料的主要内容及特点

一、基本单位资料的主要内容

对基本单位资料的开发应用和分析研究是立足于统计指标体系和主要分组的基础上进行的（相关说明可参照第一章）。因此，在进行基本单位资料的开发应用之前，首先应该全面、深入、系统地了解统计调查指标体系及主要分组。本节在介绍基本单位资料的内容体系、资料特点及一般统计分组理论之后，较为详细地列出了主要分组及汇总方式，以充分发挥统计分析研究的特色。

基本单位资料的内容是由一套比较完整的指标体系组成的，它来源于各个单位的有关标志。这些标志较全面地反映了基本单位的组织形式、行业类别、所在地区、经济类型等。下面分四个类别加以介绍。

（一）单位基本信息

单位的基本信息为名称、地点等特征，主要包括统一社会信用代码、单位名称、法定代表人或单位负责人、单位所在地及行政区划代码、联系方式等。

单位名称、法定代表人或单位负责人、联系方式是识别单位、进行单位查询的基本内容之一。这是开展统计调查的一项重要内容，是首先要了解的信息。

统一社会信用代码对统计工作具有重要意义，能够大大推动统计信息自动化建设，有利于利用经常性的统计调查和普查资料更新名录库。同时，它也是各部门间建立单位资料互换制度、进而建立起各部门相互衔接、互为补充、动态维护更新基本单位名录库的前提条件。有了统一社会信用代码，为查询单位其他资料提供了便利，也为数据资料合并提供了基本依据。

单位所在地详细反映了单位的具体地址，这是找到一个单位的条件，便于对单位查找和核对；行政区划代码，可以方便信息管理和数据汇总。二者相结合，拓宽了整个基本单位资料的应用领域，使基本单位资料可以与地理信息有机结合起来，制成直观的单位分布地理信息图，最大限度地发挥基本单位资料的作用。基本单位资料使用统一的12位行政区划代码，代码编制到村及居委会一级，该指标是进行地区分组的重要依据。

（二）单位主要属性

反映单位主要属性的指标主要包括：行业类别、执行会计标准类别、登记注册统计类别、控股情况、隶属关系、企业资质等级以及单位规模等。这些标志为对不同类别的单位进行分组提供了依据。

行业类别是根据单位从事的主要业务活动来确定的，这是统计最重要的分类之一，它是根据单位从事的社会经济活动性质对单位进行的分类，按行业分类整理的资料是开展经济结构分析研究的重要资料。基本单位资料根据《国民经济行业分类》(GB/T 4754—2017)，对基本单位列出了直到行业小类的代码，从中可以加工汇总出行业小类、中类、大类直到门类等各种层次的信息，这些信息为产业结构、行业结构以及各专题统计的分析研究提供了重要的分类信息。同时，基本单位资料中对各个单位主要业务活动的描述，与行业代码既有紧密的联系，又有其独特的信息内涵，是深入了解单位经济活动的重要信息。

登记注册统计类别是根据市场监管部门对企业登记注册的类型划分确定的，事业、机关单位和社会团体及其它组织按经费来源和管理方式比照确定其类型。它是分析单位类型结构，特别是企业不同组织形式、所有制结构等的重要分组标志。

企业控股情况是根据企业实收资本中某种经济成分的出资人的实际投资情况，或出资人对企业资产的实际控制、支配程度进行分类，分为国有控股、集体控股、私人控股、港澳台商控股、外商控股、其他等，是用于分析各类经济成分在国民经济中地位与作用的重要资料。

建筑业企业资质等级和房地产开发经营业企业资质等级是根据企业的人员素质、管理水平、资金数量、承包能力和建设业绩进行综合评价后，依据《建筑业企业资质管理规定》《建筑业企业资质标准》《房地产开发企业资质管理规定》等分别对建筑业企业和房地产开发企业法人划分的等级。住宿业单位星级评定等级是依据《旅游饭店星级的划分与评定》标准，经过有关旅游管理权威部门评定(验收)后授予的“星级”称号。

单位规模是依据统计上大中小微企业划分办法计算取得，它是对企业按规模进行分组的依据。

（三）单位组织结构

单位组织结构信息包括企业集团情况、上一级法人单位情况、法人单位所属的产业活动单位情况和归属法人单位信息。通过分析单位组织结构信息，可以摸清企业跨区域子公司、分公司及分支机构分布，探索摸清集团内部、法人单位之间及法人单位和产业活动单位之间复杂组织结构多元化、多层次特性，分析企业为分散经营风险、挖掘生产潜力而采取的多种经营方式。

（四）单位经营状态

单位的经营状态有成立时间、开业时间、运营状态以及批发和零售业单位、住宿和餐饮业单位的经营形式等。

开业时间可动态反映不同时期单位成立的情况，可以利用其分析一个地区不同时期各类单位的成长状况。使用该信息，还可以分析新老企业的异同与优劣势，可以通过不同时期成立的单位数来反映国家宏观政策的变化对经济活动及不同行业发展的影响等。

运营状态反映了单位的经济活动状态。为摸清在市场经济中不同运营状况下的单位数量分布，分析不同行业的单位适应市场经济的能力提供了信息参考。

经营形式是研究批发和零售业、住宿和餐饮业单位不同经营形态之间差异的重要依据。如可以比较连锁经营与独立门店的差异，研究百货店、超市、专卖店之间的差异。

结合各种分组，认真分析和研究这些经济关系，对于制定科学合理的宏观调控政策具有十分重要的意义。

二、基本单位资料特点

基本单位资料，是一个巨大的信息库。通过对原始数据按照不同的标志进行分组和综合加工整理，可以生成多维度、多层次统计信息。

基本单位原始资料具有鲜明的特色和优越之处。

第一，它的覆盖面最广，包括国民经济各行业的法人单位和产业活动单位，这是其他各项经济统计调查不能比拟的；

第二，它是按标准化、规范化要求搜集的信息，基本单位的划分和各种分类都执行国家标准和全国统一规定，保证了信息的可比性、兼容性和共享性，非常适合于利用现代技术进行信息处理和管理；

第三，它是由各个基本单位原始信息所构成的国民经济总体信息，可以根据需要按各种标志任意加工组合，为数据资料深加工和精加工创造了优越条件，也为检索基本单位提供了方便；

第四，它有可以进行空间定位的信息，12 位的行政区划代码及单位所在地地址保证每个单位可以在空间上定位到居（村）委会，为地理信息系统的应用打下了良好基础。

但是，基本单位原始资料也有其局限性，它只是包括基本单位的基本信息、属性信息，不能像其他调查那样反映基本单位经济活动多方面的内容，所以开发应用要取其所长，补其不足。同时，在进行动态分析时要注意调整资料的可比口径。

三、基本单位资料的分组与汇总

（一）统计分组

对资料进行数据汇总与整理，首先要明确使用什么样的分组指标。统计分组是根据现象总体内在特点和统计研究任务的要求，将总体按照一定标志划分为若干性质不同又有联系的组成部分的一种统计方法。统计分组在于揭示现象之间存在的差别，要保持同一组内统计资料的同质性和各组间统计资料的差异性。对总体而言是“分”，即将总体区分为性质不同的若干组成部分。对基本单位而言是“合”，即将性质相同的总体单位合为一组。通过分组可达到如下重要目的：第一，划分现象的类型；第二，反映现象的内部结构；第三，分析现象之间的依存关系。

结合基本单位资料和其他调查资料的分组主要有两类：一是按反映单位属性的指标分组；二是按数量指标分组。这两种分组在资料的开发应用和分析研究问题方面起着不同的作用。根据基本单位资料的数据特点和分组情况，还能对资料进行更深入的、多层次的加工整理。

1.按属性指标分组

在基本单位资料中，大量的反映单位属性的指标可用于分组。

(1)按机构类型分组：对法人单位和产业活动单位来说，分为企业、事业单位、机关、社会团体、民办非企业单位、基金会、居委会、村委会、农民专业合作社、农村集体经济组织和其他组织机构。

(2)按地区分组：按单位填报的行政区划代码，不仅可以将基本单位按行政区划和地理区域分组，如 31 个省、自治区、直辖市，东、中、西部和东北地区，黄河以北地区，长江以南地区，沿海开放城市，经济特区，省会城市，300 多个地市，2000 多个县区，乡镇、街道、村委会、居委会等；还可以按经济区域分组，对一些特定区域如京津冀、长三角、黄河流域、长江经济带等区域等进行分析，或者结合经济发展水平及资源状况来划分地区。

(3)按行业类别分组：根据单位的经济活动性质或主要产品生产情况，按照《国民经济行业分类》(GB/T 4754—2017)，将每一个单位划到某一个行业小类。通过行业小类，可以进行行业中类、大类、门类的分组，还可进行三次产业的分组，以及基于行业分类开展战略性新兴产业、现代服务业、节能环保清洁产业等产业分析。这些分组都是统计中最重要、最基本的分组。

(4)按登记注册统计类别分组：它反映了单位或企业的组织形式，也是分析所有制性质的重要内容。主要包括内资企业(国有独资公司、私营有限责任公司、其他有限责任公司、私营股份有限公司、其他股份有限公司、全民所有制企业、集体所有制企业、股份合作企业、联营企业、个人独资企业、合伙企业、其他内资企业)，港澳台投资企业(港澳台投资有限责任公司、港澳台投资股份有限公司、港澳台投资合伙企业、其他港澳台投资企业)，外商投资企业(外商投资有限责任公司、外商投资股份有限公司、外商投资合伙企业、其他外商投资企业)，农民专业合作社，个体工商户，其他市场主体等。

(5)按控股情况分组：只针对企业法人而言，分为国有控股、集体控股、私人控股、港澳台商控股、外商控股、其他6类，通过该项分组可以反映不同经济成分的出资人对企业的控制程度。

(6)按开业时间分组：利用这一属性分组可以将单位划分为不同时期，如营业1年、营业5年、营业10年等，或按国民经济计划的执行阶段划分为"十二五"时期、"十三五"时期、"十四五"时期等，还可以根据重大事件、重大宏观政策调整来划分时期，如新冠疫情前后，中央经济工作会前后等，以反映不同时期各种不同类型单位开业的情况，从而说明政策对社会经济活动的影响。

(7)按营业状态分组：主要包括正常运营、停业（歇业）、筹建、当年关闭、当年破产、当年注销、当年撤（吊）销、其他8种状况。这一属性分组可以反映国家调整产业或产品结构以及地区布局政策的相关情况，结合行业、所有制及企业规模等情况，可以为分析研究经济发展战略、行业布局以及社会保障等问题提出参考思路。

(8)单位规模：它反映了企业按从业人员、营业收入、资产总额等指标划分的企业规模，分为大型、中型、小型、微型。

(9)批发和零售业、住宿和餐饮业单位经营方式：分为独立门店、连锁总店、连锁直营店、连锁加盟店、其他5类。结合零售业业态情况，这一分组可以为研究商贸企业经营模式服务。

2.按数量指标分组

通过数量指标对单位进行分组，主要是根据分析研究问题的需要，按该数量指标的合理区间来对单位进行分组。根据数量指标的情况不同有如下几种。

(1)单项分组。在按数量指标分组时，将每一个指标值作为一组，称为单项分组。

(2)组距分组。将所有的指标值依次划分为几个区间，一个区间内的所有值归为一组。区间的距离称为组距，这样的分组称为组距分组。

将总体按一个指标分组称为简单分组。在实际工作中,有时简单分组很难满足需要,要从多角度来认识事物,揭示其发展规律,就必须从不同角度,运用多个分组指标进行分组。这样的分组一般有以下两种类型。

平行分组。即采用两个或两个以上的分组指标对同一总体进行两个及两个以上的简单分组。例如企业法人分别按行业、按登记注册统计类别分组,就属于平行分组。

复合分组。是指在同一总体内把两个或两个以上的分组指标重叠起来,形成的树型结构分组。例如,可以同时选择行业类别、登记注册统计类别、单位规模等分组指标对企业进行多层次分组。进行复合分组,应根据统计研究的要求,确定分组指标的主辅顺序,先按主要指标对总体进行第一层次的分组,再按辅助指标在第一层次分组的基础上进行第二层次、第三层次分组,直至最后一层为止。

将若干个有密切联系的分组结合起来从不同角度全面地反映总体内部组成特征,就形成了分组体系。其中既有属性指标分组,也有数量指标分组,既有平行分组,也有复合分组,它们的内容彼此关联,分组的方法和形式灵活多样,应根据实际需要确定。

(二)数据汇总

按照不同的分组,可以得出不同的汇总表格。

除了按各种指标进行并列分组外,还可将有关指标组合起来进行多层次交叉复合分组。

第一层　按行业类别分组

第二层　按登记注册统计类别分组

第三层　按隶属关系分组

第四层　按企业规模分组

这样就可以得到非常详细的分组资料,例如某地要了解某个行业内资和外资的大中小微企业的基本情况,这样的分组就可满足其需要。

总之,基本单位资料原始数据提供了多种分组加工的可能性,究竟整理哪些资料，应当根据提供、公布资料的需要和分析研究的目的具体确定。

四、统计资料的基本表现形式

统计分组后的资料整理首先是通过统计图表的形式表现出来。

（一）统计表

把大量的统计数字资料，按一定顺序和格式列在表上，就是统计表。包括调查表、汇总表、计算表以及各种各样容纳资料的统计表。常见的统计表结构一般包括四个主要部分：总标题、横行标题、纵栏标题和数字资料等。

从统计表的内容看，包括主词和宾词两部分，主词是统计表所要说明的总体及其主要分组情况，通常列在横行标题的位置，所以该栏也叫主栏。宾词用以说明主词各组的其他标志或综合特征的具体表现，通常列在纵标题的位置，所以该栏也叫宾栏。但有时为了编制的合理和阅读方便，主栏与宾栏也可以互换。在编制统计表时应注意遵循下列几项规则。

1.统计表的各种标题应简明、确切地表达其内容，特别是总标题，应十分简要地概括出统计表的基本内容和表中资料所属的时间地点。

2.表中主栏各行和宾栏各列，一般是按先整体后局部的原则排列，即先列出总体总量，然后排列出分项资料。在没有必要列出所有项目时，应在合计后列出其中部分重要项目。

3.如栏次较多，通常要加以编号。主栏和计量单位栏用（甲）、（乙）等文字标明，宾栏常用(1)(2)(3)等数字标明。表中有关栏次如有计算上的逻辑关系，可同时标明，如(5)＝(1)/(3)等。

4.统计表中必须注明计量单位。若横行有不同的计量单位，可专设计量单位一栏。纵列的计量单位，可写在指标名称下（后）面。如果各纵栏的计量单位一样，可以将它标在表的右上方。

5.统计表的表式，通常是左右开口的，即左右两端不画纵线。

6. 必要时，应在统计表下方注明表中某些资料的来源或对某些数据的计算方法、计算口径作出说明。

（二）统计图

统计图是指利用各种图形来表现统计资料的形式。它是以点的多寡、线之长短、面积或体积之大小、颜色之浓淡、线条之疏密或曲线之倾斜度及象形图示等来说明问题、表现统计资料的。利用统计图来表现和分析统计资料的方法叫做统计图示法，它具有简明、直观、形象、感染力强等优点。统计图一般可分为三类。

1. 几何图：指用几何的点、线、面积、体积来表现统计资料的图形。有条形图、方形图、圆形图、立体图、曲线图和结构图等。

2. 象形图：以统计资料所反映的实物的形象来表明统计资料内容，以图形的大小、多少来表明数字的多少的统计图形。

3. 统计地图：指在地图上标明各种线纹圆点来表明统计资料在空间的分布状况的图形。

第三节　常见案例分析方法及分析视角

一、常规分析方法

要将丰富、全面的基本单位资料转化为统计服务信息，更好地为各级政府及企业决策与管理提供优质服务，就必须对这些资料进行深入分析研究。在基本单位资料分析研究过程中，熟练掌握并灵活运用各种科学的分析方法，可以达到事半功倍的效果。本节简要介绍几种常用的统计分析方法。

（一）基本分析法

首先介绍几种常用的、比较简便的分析方法。在确定选题后，依据这些基本分析方法，可以迅速抓住事物的基本特征。

1. 分组分析法

统计分组，是根据统计研究的目的，按照一定的标志将总体划分为若干不同的部分或组的一种统计方法。其目的是把总体中具有不同性质的单位区分开，把性质相同的单位合并在一起，保持各组内统计资料的一致性和组与组之间资料的差异性，以便进一步运用各种统计方法研究现象的数量表现和数量关系。

正确选择分组标志是进行统计分组的前提，在特定的研究目的下选择合适的分组标志对于达到统计研究的目的至关重要。因此，在确定统计分组指标时，应根据研究的目的选择那些最能反映现象本质特征、有实际意义的分组标志。通过分组应达到以下目的：第一，划分现象的类型；第二，反映现象的内部结构；第三，分析现象之间的依存关系。

将若干个有密切联系的分组结合起来，从不同角度全面地反映总体内部构成。在分组体系中，既有属性指标分组，也有数量指标分组，既有平行分组，也有复合分组。分组指标的组合方式，应当根据分析研究的目的具体确定。

2.对比分析法

对比分析法也称比较分析法，是把客观事物加以比较，以达到认识事物的本质和规律并做出正确的评价。

对比分析法通常是把两个相互联系的指标数据进行比较，从数量上展示和说明研究对象规模的大小、水平的高低、速度的快慢，以及各种关系是否协调。

按比较对象内容范围不同，可分为单项比较和综合比较（综合评价）。单项比较是指比较某种总体现象某一方面、某一局部，可以是单独一个统计指标，也可以反映某一方面、某一局部的若干指标。综合比较是指对总体或若干方面的全面评价比较。

按比较时间状况不同，可分为横向对比和纵向对比。横向对比，是通过对国家间、地区间、行业间、经济类型间、不同单位间同一时间有关指标的对比分析，从中发现问题，找出差距。而纵向对比是通过对同一指标在不同时间状况的对比，以反映其动态发展变化情况。

在进行对比分析时，选择合适的对比标准是十分关键的。选择合适的对比标准，才能做出客观的评价，选择不合适，评价可能得出错误的结论。另外，运用对比分析法时，一定要注意同质性事物的可比性，不得把不同质的事物放在一起对比。所谓同质性，就是对比事物的性质是否相同，指标的口径范围是否一致。在运用基本单位资料与历史资料对比时，更要注意资料的口径范围。

3.结构分析法

结构分析法是指被研究总体内各部分与整体进行对比的分析方法。通过分析，可以说明国民经济的生产、流通、分配和使用各环节以及各部门的比例关系，揭示各部分之间的相互联系及其变化规律。

结构相对指标的计算公式为：

结构相对指标＝总体某部分的数值/总体总量×100％

分析总体内各组成部分之间的相互关系，还可以计算比例相对指标，以反映总体中某一部分为另一部分的比率。其计算公式为：

比例相对指标＝总体中某一部分数值/总体中另一部分数值

在利用基本单位资料开展经济结构分析时，主要应对产业结构、所有制结构及行业内部结构、企业规模类型结构等进行分析研究，为经济结构调整提供资料。

结构分析法的优点是简单实用，但在实际经济分析时，考虑到我国经济体制正在逐步完善，一部分比例关系波动变化，因此分析比例结构时，不能就数字论数字，应联系多方面和多因素进行综合分析。

4.平均分析法

平均分析法是运用计算平均数的方法来反映同质总体在具体条件下的一般水平。平均指标可用于同一现象在不同地区、不同部门或单位间的对比，还可用于同一现象在不同时间的对比。平均分析法的主要作用：第一，利用平均指标对比同类现象在不同地区、不同行业，不同类型单位等之间的差异程度。第二，利用平均指标对比某些经济现象在不同历史时期的变化，说明其发展趋势和规律。

常用的平均指标有算术平均数、调和平均数、几何平均数、众数和中位数等，其中最为常用的是算术平均数。算术平均数是用总体各单位标志值总和除以总体单位个数后所得结果，是非常重要的基础性指标。平均数是综合指标，它的特点是将总体内各单位的数量差异抽象化，只能代表总体的一般水平，掩盖了在平均数后各单位的差异。

用平均数指标分析问题时必须与测算指标的变动度相结合。而指标变动度是反映总体单位之间在某数量标志上的差异大小。二者相结合才能对客观事物认识更全面、更深刻，并找出差距，查明造成差异的原因，进而提出解决问题的办法。一般来说，变动度越小，平均数指标的代表性越大。测度变动度主要有以下几种方法：全距与全距系数、平均差与平均差系数、标准差与标准差系数。

平均分析法要结合各种分组和指标对比来进行。比如分析不同地区的平均从业人数、资产等；不同行业的平均营业收入、平均从业人数等。总之，对于所有基本单位资料数量指标都可以依据不同的分组用单位数来平均，进行对比、分析。

5.强度分析法

强度相对指标是两种有密切联系但性质不同的总量指标之比值，用以说明各种社会经济现象的强度、密度或普遍程度。

强度相对数=某一总体总量/另一有联系的总体总量

基本单位资料结合一些其他指标如人口、土地面积等，可以产生很多强度指标。比如：不同地区的每万人营业收入、营业利润，每百平方公里零售店数量、宾馆数量等。

强度分析若与对比分析结合起来，反映的问题就更加深入。比如通过对比分析不同地区的强度指标结果，可以找出差距、寻求原因，提出改进目标等。

6.动态分析法

动态分析就是从数量方面研究社会经济现象的发展变化，并预见其未来发展变动趋势。首先，通过动态分析可以认识客观现象在发展过程中的一些基本特征，如平均发展水平、发展速度、增长量以及在内部结构上发生的一些变化等；其次，与静态分析法相比，动态分析法用动态的眼光来观察经济现象的发生和发展过程，因而能较快发现经济运行中存在的问题苗头，并提出相应的对策建议；第三，在把握事物发展规律的基础上，动态分析法还可以对其未来的状态进行推测，从而为决策提供科学依据。

(1)发展水平

发展水平就是某一社会经济现象在发展过程中，各个时期或时点的具体数值。用以反映社会经济现象在各个时期或时点的总规模和总水平。它是用绝对数表示的。

(2)平均发展水平

平均发展水平是各时期或时点发展水平的平均数，用以表明某一时期内的平均发展情况。

(3)发展速度和增长速度

发展速度：发展速度是在发展水平的基础上计算的，是报告期发展水平与基期发展水平之比。

增长速度：增长速度是反映社会经济现象增长情况的相对指标，是报告期增长量和基期发展水平之比。

(4)平均发展速度和平均增长速度

平均发展速度是在发展速度的基础上计算的，表明某一社会经济现象在一个时期内逐期平均发展变化的程度。其计算公式为连续环比发展速度的几何平均，即为定基发展速度的 n 次根，这里 n 为报告期与基期相距的期数。平均增长速度为平均发展速度减 1，它表示逐期平均递增的速度。

在进行动态分析时，增长速度是衡量经济发展快慢的一个重要指标。速度并不是愈快愈好，关键在于有一个持续稳定的发展速度。在研究国民经济增长速度时，不仅要研究其总量增长，还要分析国民经济各产业的速度和均衡发展情况，研究增长速度是否在各投入要素合理组合的条件下运行，还应对国民经济增长速度波动变化进行分析。

7.弹性分析法

在进行统计分析时，经常需要对比分析经济中相关部门或变量，这些部门或变量在国民经济发展过程中具有密切的联系。利用弹性系数可对两个或两个以上相关经济变量之间的关系进行分析。弹性系数就是一个经济变量的增长率与另一个相关经济变量的增长率之间的比值，如一个经济变量增长1个百分点带动另一个相关经济变量增长的百分点数。弹性系数可分为名义弹性系数和实际弹性系数，名义弹性系数为两个变量现价增长率之比，实际弹性系数为两个变量不变价增长率之比。例如，就业弹性系数、能源消费弹性系数、运输弹性系数分别用来反映经济增长与就业增长、能源消费增长、运输量增长之间的数量关系。

8.因素分析法

因素分析法是依据分析指标与其影响因素的关系，从数量上确定各因素对分析指标影响方向和影响程度的一种方法。因素分析法既可以全面分析各因素对某一经济指标的影响，又可以单独分析某个因素对经济指标的影响。

因素分析法一般有连锁因素分析法和并列因素分析法。连锁因素分析法是把影响某综合指标的若干因素，用乘积形式表示出来，以此计算出各因素的影响程度和影响的绝对额；并列因素分析法是把影响某综合指标分解为若干因素和的形式。

（二）综合评价法

在分析研究中，常常要对不同地区和行业进行经济实力、经济效益、竞争力等方面的综合评价和比较研究，涉及多项指标的对比，由于各个指标的变动方向和差异程度不一致，就会出现错综复杂的情况，难以做出准确的判断。因此必须采用多指标综合评价方法，对不同地区或行业进行总的评价。

综合评价是把多个描述被评价事物不同方面且量纲不同的统计指标，转化成无量纲的相对评价值，并进行反复权衡与比较，最终确定一个综合的代表性数值，来反映该事物整体水平或总能力。综合评价归纳起来一般需要如下基本步骤：

1.建立评价指标体系

综合评价是对多个评价指标的信息综合，评价结果是否客观、准确，首先依赖于被综合的对象——各评价指标的信息是否准确、全面，因而，科学地设立评价指标体系是综合评价的基础。

一般来说，综合评价选取评价指标要遵循4个原则：

一是目的性。选取指标要紧紧围绕综合评价的目的。

二是全面系统性。指标设置尽可能从不同侧面反映评价对象的全貌。要求指标之间联系紧密，不相重复，不能互相替代。组成的指标体系，既能综合起来反映总体的优劣，又能进行分解反映每项指标对总体的影响程度。

三是可操作性。所选定的评价指标是资料取得比较容易或可以加工计算的。要立足于基本单位资料，并尽可能搜集有关专业的统计资料。

四是稳定性。选取评价指标时应避免选取受偶然因素影响较大的指标。

2.对不同量纲的指标进行同度量处理

对不同量纲的指标进行同度量处理的本质就是把不能相加的指标值转化为可以汇总相加的综合指标值。由于各指标在内容、计量单位以及取值优劣标准（有的指标取值越大越好，有的越小越好，有的则要求适度）等方面均有所不同，为了能够对被评价对象进行综合评价，必须将各种指标值转化为可以综合的评价值，即做无量纲化处理。它是通过数学变换来消除原始变量（指标）量纲影响的方法。常用的无量纲化处理主要有：

相对化处理方法。其思路是先对评价指标确定一个标准值，然后计算各指标值与标准值之比。在计算时还要将“正指标”和“逆指标”区别对待。正指标是指实际值越大表现就越好的指标，此时指标值与标准值的比值作为原始指标无量纲化后的标准化值；逆指标是指标实际值越小越好的指标，此时原始指标无量纲化后的标准化值是指标值与标准值之比的倒数。标准值可以有多种选择，如计划数、历史最好水平、上期水平、经验或理论标准等，也可以根据研究目的来确定。

函数化处理方法。又称功效函数法或功效系数法。可按以下两个步骤进行：

第一步：对每个指标确定一对阈值，包括一个上限值（即满意值）和一个下限值（即不允许值）。上限值和下限值可根据实际情况确定，如上限值选择历史最好水平，预期目标，下限值选择历史最差水平或最低标准等，最简便的办法是使用已有数据中的最优值和最差值。

第二步：以上限值和下限值之差作为分母，实际值与下限值之差作为分子计算功效系数，其公式为：

$$d_{ij}=\frac{x_{ij}-x_{s_i}}{x_{h_i}-x_{s_i}}\times 40+60 \tag{5.1}$$

式中：x_{ij} 是第 i 个指标的第 j 个观察值，d_{ij} 是第 i 个指标的第 j 个观察值的功效系数；后面的“×40＋60”是对原来的功效系数的改进，是为了使在综合评价中计算结果在任何情况下都不等于 0，并与人们习惯的百分制评分方法一致。

$$x_{ij}'=\frac{x_{ij}-\bar{x}_i}{s_i} \tag{5.2}$$

标准化处理方法。这种方法是将原始指标值转化为期望为 0、方差为 1 的标准化数值，从而达到同度量效果。其具体步骤如下：

第一步：求出各变量（指标）的算术平均值 $\bar{x}_i$ 和标准差 s_i；

第二步：进行标准化处理；

其中 x_{ij} 是第 i 个指标的第 j 个观察值，x_{ij}'是第 i 个指标的第 j 个观察值无量纲化后的标准化值。

第三步:将逆指标前的正负号对调。

标准化处理方法的优点是不用人为地选择阈值,并且许多统计分析软件都带有标准化处理程序,使用起来十分方便。

3. 指标权数的确定

由于评价的各项指标重要性和对评价对象所起的作用不同,不能同等地看待,必须赋予各项评价指标不同的权数。指标权数一般是根据指标的重要程度来确定的,重要程度则根据指标包容的信息量、指标的敏感性、指标的独立性来判断。

权数确定的方法有多种,比较常用的有专家评定法、二项系数加权法、层次分析法、主成分分析法等。其中,专家评定法又称德尔菲法,请若干专家根据有关资料各自独立地给出各指标的权数,汇总后计算均值和标准差反馈给专家再重新给出权数,经过多次反馈和修改最终确定比较切合实际的权数。

4. 综合评价值的确定

确定综合评价值的方法实质上是在评价指标体系和评价指标权重确定的情况下,通过一定的公式将多个指标对事物不同方面的评价值综合在一起,以得到一个整体性的评价。

5. 根据评价结果开展分析

评价的目的是为科学决策提供依据,因此在评价结果的基础上,需要结合各个被评价对象的政治、地理、社会以及自然资源等环境背景,进一步作深入分析。一般需要重点考虑以下几个方面:

(1)根据综合评价结果,寻找评价对象的主要薄弱环节,以便发现问题,并提出对策建议。

(2)对各评价指标分项展开深入分析。

(3)进行地区、行业、企业间的对比分析,找出当前政策、管理等方面存在的弱点,提出改进方案和建议。

(三)回归分析方法

在社会经济领域,现象之间存在一定的联系,一种现象的变化往往依存于其他现象的变化。现象之间的相互联系大致可以区分为两种不同的类型：一是确定性的函数关系。在这种关系中，对于某一变量的每一个值，都有一个另一个变量的确定值与之对应；二是统计关系。这种关系反映的是尽管两个变量之间有密切的关系，但是它们之间的关系是一种非确定性关系。由于经济问题的复杂性，许多因素因为我们的认识及其他客观原因的限制，并没有包含在这种关系中。或者由于变量测量误差以及其他偶然因素的影响，使得变量的取值带有一定的随机性，因而当一个或一些变量取定值后，不能找到另一个变量的确定值与之对应。

回归分析就是研究一个变量 y（称为因变量或被解释变量）与若干个变量 $x_1, x_2, \cdots x_K$（称为自变量或解释变量）之间的统计关系。

1. 回归模型的设定

线性回归模型在实际中使用最多。其基本形式是

$$y = \beta_0 + \beta_1 x_1 + \beta_2 x_2 + \cdots + \beta_K x_K + \varepsilon \qquad (5.3)$$

其中，$\beta_0, \beta_1, \cdots\cdots \beta_K$ 是 $K+1$ 个未知参数，称为回归系数；y 称为被解释变量（因变量），$x_1, x_2, \cdots\cdots x_K$ 是 K 个可以精确测量或控制的一般变量，称为自变量或解释变量；ε 是随机误差项。

当取得关于 y 及 $x_1, x_2, \cdots x_K$ 的 n 组观测值（也称取得了容量为 n 的样本）时，$(y_i; x_{1i}, x_{2i}, \cdots x_{Ki})$，$i=1,2,\cdots n$，线性回归模型可表示为

$$y_i = \beta_0 + \beta_1 x_{1i} + \beta_2 x_{2i} + \cdots + \beta_K x_{Ki} + \varepsilon_i \qquad (5.4)$$

回归分析的目的就是利用样本数据估计式（5.4）中的回归系数。为了估计这些系数，还需要对式（5.4）进行一些基本假定：

第一，解释变量 $x_1, x_2, \cdots x_K$ 是确定性变量而不是随机变量，而且解释变量之间不存在高度相关；

第二，随机误差项 $\varepsilon_1, \varepsilon_2, \cdots \varepsilon_n$ 具有 0 均值、同方差，且是不相关的，即：

$$\begin{cases} E(\varepsilon_i) = 0 \qquad i = 1,2,\cdots n \\ cov(\varepsilon_i, \varepsilon_j) = \begin{cases} \sigma^2 & i = j \\ 0 & i \neq j;\ i,j = 1,2\cdots n \end{cases} \end{cases}$$

第三，随机误差项服从正态分布。

2. 回归方程的估计及检验

回归方程的估计。回归分析的主要任务就是估计式(5.4)中的回归系数。如果模型满足上述假设，可以用最小二乘法对模型的参数进行估计。将估计结果记为 $\hat{\beta}_0,\hat{\beta}_1,\cdots,\hat{\beta}_K$，利用它可以预测对应于每组 $(y_i;x_{1i},x_{2i},\cdots x_{Ki})$ 的 y_i 的值：

$$\hat{y}_i=\hat{\beta}_0+\hat{\beta}_1x_{1i}+\cdots+\hat{\beta}_{Ki} \tag{5.5}$$

一般来说，这个预测值 $\hat{y}_i$ 与实际值 y_i 不会完全吻合。这两者之间的差

$$e_i=y_i-\hat{y}_i \tag{5.6}$$

称为残差。残差对判断回归模型是否有效起着很重要的作用。

回归方程的显著性检验。在对实际经济问题的分析中，事先并不能断定被解释变量 y 与解释变量 $x_1,x_2,\cdots x_K$ 之间确有线性关系。当用最小二乘法估计出了回归方程后，还需要对回归方程对样本数据的拟合程度进行评价，即对回归方程进行显著性检验。在统计上常用的方法有拟合优度检验和 F 检验。

回归系数的显著性检验。在多元线性回归中，回归方程显著(即拟合的较好)并不意味着每个解释变量对 y 的影响都显著，因此就应从回归方程中剔除那些次要的、影响不显著的变量，重新建立回归方程。这时，就需要对回归系数进行显著性检验。

3. 回归模型的有效性

在利用最小二乘法对回归方程进行估计时，需要满足一些相应的假设。然而，在实际中经常会遇到违背这些基本假设的情形。此时若仍然使用最小二乘法建立回归模型，得到的回归方程将不再是有效的。这里主要介绍出现多重共线性、异方差和序列相关问题。

多重共线性。多重共线性指多个解释变量之间存在相关性。当变量之间存在多重共线性时，利用最小二乘法估计的回归模型的参数是不可靠的，有时甚至出现参数的符号与实际相反的情形。常用的诊断

多重共线性的方法包括判定系数法、条件数、方差膨胀因子等。一旦查明样本数据存在多重共线性，就应想办法加以消除。主要方法包括：剔除一些不重要的解释变量；增大样本容量；改变变量的定义形式；采用一些有偏估计方法如岭回归等。

异方差。在回归模型的基本假设中，假定不同样本点的随机误差项是同方差的。若这一条件不能得到满足，则称回归模型存在异方差。当存在异方差时，如果用普通最小二乘法估计回归系数，可能导致本来不显著的某些回归系数变成显著。常用的诊断异方差性的方法包括残差图分析法、等级相关系数法、Glejser 检验法等。消除异方差的方法包括用加权最小二乘法估计、方差稳定化变换等。

序列相关。在利用最小二乘法估计回归模型时，假定随机误差项是不相关的，即 $\text{cov}(\varepsilon_i, \varepsilon_j)=0, i \neq j$。如果这一条件不满足，则称随机误差项存在序列相关。如果此时仍然使用最小二乘法来估计回归模型，则利用此模型进行预测和结构分析时会带来较大的误差和错误的解释。诊断序列相关的方法包括图示检验法、Durbin－Watson 检验等。消除序列相关的常用方法有差分法、广义最小二乘法等。

4.回归方程的直观解释

如果通过检验结果表明，回归方程的拟合程度较好，则拟合的回归方程可以用于预测被解释变量 y。对于解释变量的一组变化值 $\triangle x_1$，$\triangle x_2$，…$\triangle x_K$，预测 y 的变化为

$$\triangle y = \hat{\beta}_1 \triangle x_1 + \hat{\beta}_2 \triangle x_2 + \cdots + \hat{\beta}_K \triangle x_K \tag{5.7}$$

特别当只有一个解释变量 x_j 发生变化（其变化量为 $\triangle x_j$）而其他解释变量不变时：

$$\triangle y = \hat{\beta}_j \triangle x_j \text{ 或 } \frac{\triangle y}{\triangle x_j} = \hat{\beta}_j$$

因此 $\hat{\beta}_j$ 的含义表示：在其他解释变量不变的情况下，当 x_j 变化一个单位时对解释变量 y 的影响。

不妨用一个假设的例子来说明。在建立彩色电视机销售量的预测

模型时，销售量用 y 表示，x_1 表示彩色电视机的平均价格，x_2 表示消费者的可支配收入，若已经建立了二元线性回归模型

$$\hat{y}_i = \hat{\beta}_0 + \hat{\beta}_1 x_1 + \hat{\beta}_2 x_2 \tag{5.8}$$

则 $\hat{\beta}_1$ 可解释为在消费者可支配收入 x_2 保持不变时，彩色电视机价格 x_1 每变动一个单位，对彩色电视机销售量 y 的影响程度。一般来说，随着价格的提高，销售量是减少的，因此 $\hat{\beta}_1$ 应该是负的。

同样地，$\hat{\beta}_2$ 可解释为在彩色电视机销售价格不变时，消费者可支配收入每变动一个单位，对彩色电视机销售量的影响程度。一般来说，随着消费者收入的提高，彩色电视机的需求量是增加的，因此 $\hat{\beta}_2$ 应该是正的。

二、规模分析

结合其他统计调查获取的单位经济信息，可以有效深化和拓展基本单位分析研究的深度和广度。经济规模有总规模与单位规模之分，总规模是单位规模的总和，反映经济发展的总水平，单位规模反映每个单位经济发展的水平，平均单位规模则反映单位的一般水平。利用单位基本信息和经济指标，可以从不同层次上对经济发展的规模与水平进行分析。从宏观上看，主要是对国家或地区总体经济规模与发展水平的分析；从中观层次看，主要是对行业或产业部门规模及发展水平的分析；从微观层次上看，主要是对企业规模与发展水平的分析。

（一）经济规模分析

1. 反映经济规模的指标

在统计分析中一般应用总量指标来综合反映社会经济现象的总规模。总量指标又分为单位总量和指标总量，前者是总体中所有单位数之和，后者是总体中所有单位指标值之和。在基本单位资料中，可用来反映国家或地区经济总规模与总水平的指标主要有以下几个：

（1）基本单位数

基本单位数属于总体单位总量指标，是反映国家或地区经济总规

模的重要指标之一，它的多少从一个侧面反映一个国家或地区的经济规模大小。反映全部单位总量一般用全部法人单位数或全部产业活动单位数，反映生产经营性活动规模一般用企业法人数或生产经营性产业活动单位数。单位数是衡量经济规模的基础指标，但是必须清楚，单位数的多少还不能完全反映一个国家或地区经济规模的大小，因为单位本身的大小是不一样的，即每个单位的数量指标有多有少，大小不同的单位对经济规模的影响程度是不同的，因此必须结合从业人数、资产、营业收入等反映总体经济总量的指标大小来分析。

(2)从业人数

从业人员是生产力中的劳动力要素。从业人数的多少，从劳动投入的角度反映一个国家或地区经济规模的大小。基本单位从业人数是全社会从业人员的主力军，这些从业人员的发展变化无疑是一个国家或地区经济总规模总水平发展的重要标志之一。

(3)企业资产情况

一个国家或地区企业年末资产的多少，是综合反映其经济存量规模大小的重要价值量指标。资产反映全部企业自有资产的总规模，从经济存量上表明一个国家或地区的经济实力。

(4)营业收入

营业收入指企业全年通过销售商品、提供劳务和让渡资产使用权等生产经营活动形成的经济利益流入，是企业生产经营活动成果的表现。它是用来反映一个国家或地区经济产出规模的一个重要的价值量指标。一般来说，营业收入越高，说明创造的价值越多。

除了上述指标外，常用来衡量一个国家或地区经济规模和实力的指标还有GDP、总产值、利润总额等总量指标。分析经济规模水平除采用总量指标外，还可根据上述总量指标计算平均每个单位的从业人数，平均每个企业的资产、营业收入等，用以反映基本单位经济规模的一般水平。必要时还可结合使用人均营业收入、人均资产、人均创利、人均增加值等强度指标，来进行地区之间经济实力的比较。

2.经济规模分析的主要内容与方法

对一个国家或地区的经济规模、水平分析实质上是一种对比分析。通常有横向对比分析与纵向对比分析两种形式。

(1)横向对比分析

横向对比分析,是通过对不同国家或不同地区的经济规模、经济水平的比较,分析一个国家或地区经济实力的强弱,了解一个国家或地区具有的优势与不足。

例 5.1 某市有 6 个区,分别用 A、B、C、D、E、F 表示,下面通过指标横向对比,分析各区的经济规模和经济实力(见表 5.1)。

表 5.1　2023 年某市 6 区基本单位主要指标

地区	企业法人数(个)	从业人数(人)	营业收入(亿元)	资产(亿元)
合计	36723	853702	681.04	642.23
地区 A	9360	168674	149.73	243.58
地区 B	7123	84995	185.42	98.33
地区 C	6116	208407	106.98	155.40
地区 D	5301	155306	66.91	29.72
地区 E	4406	119808	90.87	70.86
地区 F	4417	116512	81.13	44.34
六地区平均	6121	142284	113.50	107.04

①地区经济规模的排序

首先,根据表中单项指标对各地区总规模按大小排序。企业法人数依次是:A、B、C、D、F、E,从业人员数依次是:C、A、D、E、F、B,营业收入依次是:B、A、C、E、F、D,资产依次是:A、C、B、E、F、D。在以上 4 项指标排序中,占前三位的大多是 A、B、C 三地区,表明这三个地区经济总规模较大,经济实力较强,但在不同指标排序上各有长短,可见仅根据一项指标难以准确判断各地区经济实力大小。

因此,还必须把反映地区经济总规模的各项指标结合起来,进行综合评价与排序。其步骤一般是:对不同指标进行相对化处理,以解决不同量纲无法综合的问题。以六地区平均值作为基准,用各地区各项指标的实际值与相应的平均值相比计算系数，系数越大，说明规模越大；对不同指标按重要程度确定权数，使权数之和为100%。假设采用专家法确定的企业法人单位数的权数为10%，从业人数的权数为20%，营业收入权数为40%，资产总计权数为30%；用加权平均数法对4项指标的系数进行综合，形成总系数，然后按系数大小对各地区的总规模进行排序。

例5.2 A地区综合系数的计算：152.94%×10%＋118.50%×20% ＋131.57%×40%＋227.56%×30%＝159.89%。其余地区综合系数计算以此类推(见表5.2)。

表5.2　某市6区主要指标相对化处理及综合系数

地区	为六地区平均值的%				综合系数	经济规模排序
	基本单位数	从业人数	营业收入	资产		
地区A	152.94	118.50	131.57	227.56	159.89	1
地区B	116.39	59.72	163.37	91.86	116.49	3
地区C	99.93	146.42	94.26	145.18	120.54	2
地区D	86.62	109.13	58.95	27.76	62.40	6
地区E	71.99	84.17	80.06	66.20	75.92	4
地区F	72.17	81.86	71.48	41.42	64.61	5

②对各地区经济规模和实力进行综合评价

根据以上指标对比和综合排序可以看出，在全市6个地区中A地区经济居于明显领先地位，特别是其企业拥有的资产高于各地区平均水平一倍多，显示实力较强。但也应该看到，A地区营业收入是各地区平均水平的1.3倍，均低于本地区基本单位数和资产数的相对平均水平，发展后劲明显不足，其他地区特别是B地区营业收入较高，从发展看有后来居上之势。今后A地区要加快企业更新改造以加强后劲，其他地区也要发挥各自优势加快发展。

(2)纵向比较分析

纵向对比分析，是通过对同一个国家或地区不同时期反映经济规模、经济水平的指标比较，分析这个国家或地区经济实力的发展变化以及存在的问题。

①经济总规模的动态比较

例 5.3 对某市 2023 年经济规模与 2018 年比较分析，数据显示该市经济实力明显增强。具体指标动态对比如下（见表 5.3）。

表 5.3　某市基本单位主要指标比较

	法人单位数（个、%）		从业人数（万人、%）		营业收入（亿元、%）	资产（亿元、%）
		企业法人		企业法人		
2018 年	82029	49217	233	156	1031	574
2023 年	98435	63984	293	210	1495	792
增长量	16406	14767	60	54	464	218
增长率	20.0	30.0	25.8	34.6	45.0	38.0

根据表中主要指标数据，计算该市主要指标增长绝对值和增长速度；同时还可以计算近 5 年年均增长速度，然后对该市经济规模和经济实力的发展变化，从不同侧面进行分析评价：基本单位总量扩大，发展迅速。2023 年全市法人单位数量比 2018 年增长 20.0%，其中企业法人增长 30.0%，占全部法人单位的比重由 2018 年的 60.0% 上升到 65.0%。这不仅表明该市经济总规模的扩大，而且反映基本单位结构有了改善，5 年来增加的法人单位 90.0% 是企业法人；机关事业、社团法人基本上保持原规模。从企业法人的开业时间看，这 5 年内新开业的企业占相当比重。

从业人员队伍不断壮大。基本单位的迅速增加带来了从业人员队伍的进一步扩大，吸纳和消化了大量本地和外来的劳动力。2023 年，全市基本单位从业人数比 2018 年增长 25.8%，其中企业法人从业人数增长 34.6%，五年来增加了 60 万人，其中 90.0% 是企业法人增加的，不仅扩大了劳动规模，改善了全市从业人员结构，而且缓解了社会就业压力。

营业收入规模增大。2023 年全市经营单位营业收入比 2018 年增长 45.0%，其增长速度是上列各项总量指标中最快的，表明该市生产经营活动取得了较好成绩，这是扩大劳动力、资本等规模和使用好这些生产要素的综合结果，产出速度快于投入速度，不仅反映经济规模扩大，而且意味着经济效益的提高。

企业资产迅速增加，经济发展的后劲明显增强。2023 年全市企业资产比 2018 年增加 218 亿元，增长 38.0%，表明该市经济发展的后劲进一步增强，为今后发展打下了比较坚实的基础。

通过对以上总量指标逐项进行动态对比分析，无论是从生产经营成果看还是从人力、资产等生产要素看，该市五年来经济规模都有明显扩大，经济实力得到增强。今后要在继续改善经济结构、提高经济效益的基础上，进一步加快经济的发展。

需要指出的是，上述实例是对全部法人的分析，如进一步把全部法人按国民经济行业进行分组则可找出该地区发展、吸纳劳动力等的具体骨干行业，对政府管理决策更具咨询价值。

②单位平均规模变动对经济总规模的影响

对国家或地区经济总规模的分析，不仅要观察代表规模的经济总量的变化，而且要注意经济总量内部组成部分的变动对经济总量的影响。从总规模与单位规模的关系来看，经济总规模是总体内各个单位规模的总和（以 $\sum X$ 表示），它等于单位平均规模（$\bar{X}$）与单位数（N）的乘积，

即：$\sum X = \bar{X} \times N$

可见总规模的变动是单位平均规模与单位数两者共同变动的结果。也就是说，在对总规模作动态比较时，不仅看单位数增加多少，而且更重要的要看企业规模水平提高了多少，因为单位平均规模的大小反映了生产要素在企业的集中程度，它与经济效益密切相关。如果国家或地区总规模的扩大只靠增加单位数而不提高单位的规模水平，那么总规模的质量和效益就不会提高。

仍以表 5.3 资料为例，某市平均每个企业的规模水平如下（见表 5.4）。

表 5.4　某市 2023 年企业平均规模与 2018 年比较

	从业人数(人/个)	营业收入(万元/个)	资产(万元/个)
2018 年	31.7	209.48	116.63
2023 年	32.8	233.65	123.78
2023 年比 2018 年增长%	3.47	11.54	6.13

表 5.4 数字显示,该市用不同指标表示的企业平均规模都有不同程度提高,企业平均产出规模扩大最多,增长 11.54%。资产次之,增长 6.13%,平均从业人数增长较慢,仅增长 3.47%。而同期该市企业数增长 30.0%,超过了企业平均规模的增长,说明该市近五年来经济总规模的扩大主要靠增加单位实现的。这两方面因素对经济总量增长的影响程度,可按以下公式进行计算:

$$\frac{\overline{X}_1 N_1}{\overline{X}_0 N_0}=\frac{\overline{X}_1}{\overline{X}_0}\times\frac{N_1}{N_0} \tag{5.9}$$

式 5.9 中 $\overline{X}$ 表示平均每个企业的规模(从业人数、营业收入、资产等),N 表示企业数,$\overline{X_1}N_1$ 为报告期总规模,$\overline{X_0}N_0$ 为基期总规模。以营业收入为例,将表 5.3 和表 5.4 数据代入公式 5.9:

$$\frac{1495\text{ 亿元}}{1031\text{ 亿元}}=\frac{233.65\text{ 万元}}{209.48\text{ 万元}}\times\frac{6.3984\text{ 万个}}{4.9217\text{ 万个}}$$

$$145.0\%=111.54\%\times130.0\%$$

计算结果表明,五年来该市平均规模扩大 11.54%,企业数增长 30.0%,两者共同作用的结果使总规模扩大了 45.0%。两者对增长绝对额的影响:

营业收入增加额=1495 亿元-1031 亿元=464 亿元

由于企业平均规模扩大增加的营业收入= $\overline{X_1}N_1-\overline{X_0}N_1$

=1495-1340.34=154.66 亿元

式中 $\overline{X_1}N_1$ 为按基期平均规模计算的报告期总规模。

由于企业数增加而增加的营业收入= $\overline{X_0}N_1-\overline{X_0}N_0$

=1340.34-1031=309.34 亿元

154.66＋309.34＝464 亿元

在营业收入总增加额中，由于企业平均规模扩大的贡献率为：

(154.66/464)×100％＝33.33％

由于企业数增加的贡献率为：

(309.34％/464)×100％＝66.67％

平均每个企业的从业人数、资产的变动对从业人员总数、资产总额的影响程度的分析，可以此类推。

(二)行业规模分析

1.反映行业规模的指标和分组

一般来说，可以采用绝对集中度、绝对规模、集中系数三个指标对行业规模集中度进行分析。

(1)绝对集中度。绝对集中度是指某行业中规模处于前几位(如最大的4家)企业产值、产量或收入占整个行业产值、产量或收入的比重。基本单位资料中没有设企业产值、产量指标，可以用企业营业收入进行计算。计算公式如下：

$$CR_n = \frac{\sum_{1}^{n} x_i}{\sum_{1}^{N} x_j} \times 100\% \qquad (5.10)$$

其中 CR_n 表示行业绝对集中度，N 为行业全部企业数，$\sum_{1}^{n} x_i$ 为规模最大的前 n 家企业营业收入或产值、产量，$\sum_{1}^{N} x_j$ 为整个行业营业收入或产值、产量。

(2)绝对规模。绝对规模是指某行业中达到经济规模的企业数及其产值、产量、收入占本行业全部企业的比例。达到经济规模的数量界限是根据对不同企业规模的生产成本或经济效益比较分析确定的，若从生产成本的角度推算，是以该企业规模生产达到最低平均成本为目标来确定企业的最佳经济规模；若从经济效益的角度推算，假设从资金利用率的角度推算，是以该企业规模生产可以获取最大资金利用率为目标来确定企业最优经济规模。例如某行业企业营业收入在500万元以上即达到规模经济效益，另一行业营业收入在1000万元以上的企业，才达到规模经济效益。此项指标能够反映出规模经济的利用水平。

(3)行业集中系数。行业集中系数是行业内最大的几家企业平均规模与全行业平均规模的比值。具体计算公式为：

$$CI_n = \frac{\sum_{1}^{n} x_i}{n} \div \frac{\sum_{1}^{N} x_j}{N} \text{ 或 } CI_n = CR_n \div (n/N) \qquad (5.11)$$

其中 CI_n 表示行业集中系数，CR_n 为行业绝对集中度，N 为行业全部企业数，$\sum_{1}^{n} x_i$ 为规模最大的前 n 家企业营业收入或产值、产量，$\sum_{1}^{N} x_j$ 为整个行业营业收入或产值、产量。

运用集中度(CR_n)和集中系数(CI_n)这两个指数，不仅可以反映某一行业的绝对集中程度，也反映了大小企业之间的规模差异。

(三)企业规模分析

企业规模是指各个企业投入生产力诸要素及其产出成果的规模。在全国或一个地区、一个行业范围内不同规模企业的组合就是企业规模结构，它是通过大中小企业构成比例和相互之间数量关系来反映的。通过基本资料的分析研究，可以反映出我国现阶段企业规模水平和我国各产业中企业规模结构的状况，通过对不同规模企业生产经营情况、经济效益的比较，可以分析我国各产业企业规模和与之相关联的经济效益之间的关系，研究各产业最佳企业规模和合理的规模结构，从而为我国产业组织结构调整、生产力合理配置、资源综合利用，提供合理的咨询建议。

1. 反映企业规模的指标和分组

基本单位资料中反映企业规模的指标主要有：从业人数、营业收入、资产总计等。根据每个企业的规模可以计算行业的总规模和行业内企业的平均规模。

反映企业规模大小的分组标准主要有统计上大中小微型企业划分办法，将企业规模分为大型、中型、小型、微型。建筑业企业、房地产开发经营业企业的资质等级，是根据企业人员素质、管理水平、资金数量、承包能力和建设业绩综合评价划分的等级，不单纯反映企业规模大小。

2. 企业规模分析的内容和方法

(1)企业规模的排序

现代经济发展的经验可以看出，各国经济发展过程中，大企业一直处于经济发展的中心地位。随着生产的社会化和国际化，在现代及未来经济发展中，大型企业和集团公司将不仅在国内经济中，同时在国际经济中发挥愈来愈大的作用。所以按企业规模进行排序，选出一些规模最大的企业，进行分析研究，是非常必要的。如美国《财富》杂志每年都要排出世界 500 强企业，各国进入 500 强企业的多少侧面反映了各国经济实力，所以世界范围内都很重视，影响很大。

利用基本单位资料，可以对国家、地区及重要行业的企业按规模大小进行排序，对国家、地区或行业一些规模最大的企业进行分析研究。前面列出的反映企业规模的指标，每一个指标都可以从不同的侧面反映企业相对规模大小。如从业人员是从劳动力使用的角度反映企业规模的大小，营业收入是从产出的角度反映企业规模大小，资产是从存量的角度反映企业规模大小等等。可以依据每一个指标，对国家、地区或某行业企业进行排序，从而确定规模最大的前 100 家、500 家等若干家企业。如从业人员最多的前 100 家企业，营业收入最高的前 500 家企业，资产规模最大的前 1000 家企业等。目前对企业规模的评价排序多采用上述的单指标排序方法，也可以采取综合指标排序，这就需要对反映企业规模的指标进行加权综合，生成一个反映企业规模的综合指标，据此进行综合排序，具体方法可参照前述地区经济规模的综合评价与排序。

(2)排序中前 500 家或若干家最大企业分析

①对前 500 家企业或若干家最大企业行业分布状况进行分析。如

对全国最大的500家工业企业进行分析，这500家企业行业分布状况一定程度上是工业经济发展状况的集中反映。通过对这些大企业在各行业分布状况分析，也可以从一个侧面反映我国工业发展的进程。

②对前500家或若干家最大企业的地区分布进行分析。一般国家的经济发展在地区分布上是根据地区比较优势进行分工。各地区资源条件不同、生产要素分布不平衡、经济社会条件不同等因素，必然形成地区分工不同的格局。从近几年最大工业企业500家的地区分布看，东部和沿海地区占比较高，而中西部地区占的比例相对偏小。从发展空间上看，对我国东部率先发展、中部崛起、西部大开发战略顺利实施是非常有益的。

③对前500家或若干家最大企业的生产经营情况、经济效益进行分析，研究大企业在经济中的地位与作用及其对国民经济增长的作用，与其他企业生产经营情况及效益状况比较分析大企业的优势与不足，从而为本地区产业组织结构调整提供咨询建议。

除此之外，还可以对前500家或若干家大企业在不同经济类型中的分布状况进行分析，也可以进行地区、行业、经济类型等多种交叉分组比较等等。

三、结构分析

所谓结构分析，就是分析总体内部各构成部分在总体中的地位、作用以及它们之间的相互关系，研究总体结构的演变规律等。基本单位是社会经济活动的主体，从事不同活动、具有不同所有制成分以及其他不同属性的各类基本单位组成的集合体就是分析的对象。基本单位资料可以按照基本单位的行业类别、登记注册统计类别、执行会计标准类别、单位规模等标志进行分组，研究产业结构、所有制结构、组织结构、规模结构等各种结构状况。

下面将重点阐述利用基本单位资料进行产业结构分析和所有制结构分析。

（一）产业结构分析

国民经济是一个复杂的大系统，具有某种同质性的单位组成某个小类行业、中类行业、大类行业、门类行业等。这些组成部分之间互为条件、互相促进、互相制约，联结成一个有机整体。产业结构分析的任务就是通过分析由各个单位构成的产业结构的现状或演变过程，揭示其内部的相互关系以及结构不合理的矛盾，提出优化产业结构的建议，为调整产业结构提供科学依据。

利用基本单位资料进行产业结构分析研究，最终要发现一个地区产业结构的优势和劣势，找出哪些产业是短线，应当增加；哪些产业有发展潜力，应当大力发展；哪些产业已经过时，应予以淘汰等。在分析的基础上，向各级政府、各有关部门和社会公众，提供决策管理和经营咨询意见。

1.产业结构分析的一般内容

产业结构会随着经济的发展而变化。产业结构理论所研究的是产业结构不断演变的原因和条件，寻找产业结构演变的规律。要将经济发展同产业结构的演变联系起来，在运动、变化中研究产业结构状况，探索决定和影响产业结构的主要因素。

对产业结构的分析有广义和狭义之分。广义的产业结构分析除研究产业之间的关系外，还研究产业内的企业间关系，即“产业组织理论”研究的范围。狭义的产业结构分析只分析产业之间的结构状况。我们讨论的是狭义的产业结构分析。在这方面的研究通常使用两类指标：一类是使用投入指标，如用各产业的从业人数及所占比例，各产业的资本额及所占的比例等分析产业结构；另一类是使用产出指标，如采用各产业所创造的增加值及其所占比重分析。投入指标是各种“资源”在各产业部门的分配形态，抽象地说，反映了一个国家或地区在社会再生产的起点上，在各产业之间分配劳动力、资金等的状况及比例关系。产出指标反映的是社会再生产的产出成果。前者为因，后者为果。各个产业的前一类指标去除后一类指标可以得到反映该部门经济效益（或生产率)的指标。各个产业部门的经济效益是有差别的,这种产业之间经济效益的比较,也是产业结构分析研究的重要内容。

就基本单位资料来说,在产业结构的分析中还有一个重要的指标是各产业的单位数。将单位数结合“资源”和产出情况一起分析产业结构,对国家产业政策的制定和各地的产业布局有重要意义。

2.产业结构总体情况分析

描述产业结构总体情况,应当立足于对产业构成的反映,即要以反映某些类型基本单位占全部单位比重为起点,以投入和产出的构成为主线。同时,还可以对分行业大类、中类、小类的汇总资料作进一步的分析,并从中看出一个地区产业门类是相对集中还是比较分散,是门类齐全还是比较单一。这里所说的单一并不是指一个地区只有一个产业门类,而是指产业门类相对较少或较为集中;齐全也不是指一个地区包括了全部产业门类,而是指门类相对较多或分散。当然,以上只是一个初步的认识,关键还在于资源配置是否合理,综合经济实力和潜在的发展能力是强还是弱。

(1)三次产业构成

①单位数构成。可以用基本单位的数量分析第一产业、第二产业、第三产业的构成。如表 5.5 所示。

表 5.5　某地区基本单位三次产业构成情况

产业	法人单位		产业活动单位	
	个数(个)	比重(%)	个数(个)	比重(%)
合计	28852	100.0	47502	100.0
第一产业	150	0.5	342	0.7
第二产业	9010	31.2	17538	36.9
第三产业	19692	68.3	29622	62.4

从表 5.5 可以分析该地区基本单位的产业分布,并反映产业间单位个数及所占比重的差异。需要说明的是,利用基本单位个数计算产业构成时,基本单位不包括农户。其次,单位有大有小,单位数量的结构与用投入、产出指标计算的结构存在差异。所以分析产业结构不能

只用单位数，还必须结合使用从业人数、资产、营业收入等指标，也不能局限于基本单位资料，还应该结合使用其他有关资料。

②投入和产出指标的构成。以从业人数、资产计算构成，可以分析劳动力资源和资产在三次产业间投入量的构成。以营业收入指标计算构成，可以分析三次产业之间产出量的构成。

(2)三次产业的内部构成

观察三次产业的内部构成，可以进一步分析各产业内部的比例关系，更深入了解产业结构的现状。

①第一产业的内部结构。第一产业包括农、林、牧、渔业。表 5.6 为某地区第一产业基本单位构成情况。

表 5.6　某地区第一产业基本单位构成情况

产业	法人单位		产业活动单位	
	个数(个)	比重(%)	个数(个)	比重(%)
第一产业	134	100.0	162	100.0
其中:农业	59	44.0	73	45.1
林业	11	8.2	17	10.5
畜牧业	29	21.6	35	21.6
渔业	35	26.1	37	22.8

从表 5.6 可以看出第一产业内部各行业单位数所占比重，农业内部还可以再细分到粮食作物种植和经济作物种植，渔业内部又可以再分到水产养殖业、水产捕捞业等。这些数据可以从一个侧面反映第一产业内部生产经营的社会化、企业化、集约化、产业化发展状况。

表 5.6 的内容还可以扩充到从业人数、资产、营业收入等，从而分析第一产业内部各门类的相应构成情况。

分组虽然是定性的，但具体的分析必须是定量的。由于基本单位资料未包括农业活动的主体农户，作为基本单位的各类农、林、牧、渔业仅仅是农业生产单位的一部分，资料缺口较大，难以达到分析要求。所以，在分析第一产业内部结构时，应借助农业统计的有关资料。如增加值、农业劳动力人数等。

②第二产业内部结构。建筑业和工业(开采辅助活动、金属制品、机械和设备修理业除外)虽同属于第二产业,但分析内部结构时,习惯上将建筑业和工业分开来观察。仅就工业而言,内部的基本构成可以分为:采矿业,制造业,电力、热力、燃气及水生产和供应业,还可以划分到中类和小类行业。如表5.7所示。

表5.7 某地区工业内部构成情况

产业	法人单位		产业活动单位	
	个数(个)	比重(%)	个数(个)	比重(%)
工业	8455	100.0	15679	100.0
其中:采矿业	40	0.5	72	0.5
制造业	8347	98.7	15507	98.9
电力、热力、燃气及水生产和供应业	68	0.8	100	0.6

从5.7表计算的数据中,可以分析得出工业内部各产业的构成情况,比重大小。同样,相应的可针对从业人数、资产、营业收入、营业利润等进行工业内部的构成分析。

③第三产业内部结构。第三产业是三次产业中包含活动最广泛的一个产业,其内部构成更为复杂,通常划分为:批发和零售业,交通运输、仓储和邮政业,住宿和餐饮业,信息传输、软件和信息技术服务业,金融业,房地产业,租赁和商务服务业,科学研究和技术服务业,水利、环境和公共设施管理业,居民服务、修理和其他服务业,卫生和社会工作,文化、体育和娱乐业,公共管理、社会保障和社会组织,国际组织等。当然还可以根据分析研究的需要进行更综合或更详细的分类。通过分析比较不同行业或类别基本单位的数量及比例,可以了解本地第三产业中的优势行业、薄弱行业,了解各地区三产的空间分布状况。特别是结合人口数据和地理数据,还可分析与人民生活息息相关行业的发展状况、分布状况等。

(3)产业结构变动情况

任何一个地区的产业结构不可能是一成不变的,即使产业结构大的格局未发生质的变化,但数量上总是在不断的变动。随着经济发展和产业结构优化升级,第二产业的基本单位可能会有所减少;服务业企业大量涌现;各级政府机构改革、撤区并乡后,行政事业单位也会减少。基本单位资料应当全面、真实地反映产业结构的这一变动情况。

一般情况下,第一产业的单位数及比重不应该有大的变化,第二产业的单位数及比重可能会有一定幅度下降,第三产业的单位数会有所增加,比重呈上升趋势。当然,由于各地产业发展政策的重点不同,结果也会有很大的差异。

三次产业的构成随着基本单位数量的变动而发生变化。同时,各产业的从业人数、增加值及其他相关经济指标都随之发生一定变化。运用历年基本单位资料,结合其他统计数据,可以清楚地反映出基本单位产业分布及对经济生活产生的影响。

3.产业特征分析

利用基本单位资料,结合相关经济指标,可以对一个地区基本单位产业结构的基本特征加以分析研究。如主导产业或支柱产业是什么,优势产业在哪里,哪些产业属于劳动密集型、资本密集型、技术密集型产业,传统产业、现代产业、战略性新兴产业、高技术产业的分布情况如何等。

(1)支柱产业分析

在市场经济体制下,市场法则促使人们讲求产业升级和结构优化,而不是追逐所谓的"大而全、小而全"。即使是相对齐全的产业门类,注重的是产业链间的衔接、配套,以实现最佳效益。

支柱产业的形成与一个国家或地区在不同经济发展阶段的资源条件有关,它的发展与其他产业的关联度很强,对整个国民经济的发展具有带动作用。它具有五大特征:一是它具有广阔的市场,市场扩张能力很强;二是增长速度快,其发展速度通常要超过其他产业;三是具有很强的产业关联度，对其他产业发展有较强的影响，能够带动一系列产业乃至整个国民经济的发展；四是具有大规模的产出能力，在GDP中占有较大的份额；五是具有较高的利润率。

(2)优势产业分析

优势产业一般是根据本地资源及比较优势相对确定的。支柱产业不一定是优势产业。优势产业分析的目的，就是要找出哪些产业具有比较优势。

①本地区各产业的比较优势。产业优势可以在多方面体现，如某些产业形成了较大的规模，在总量上与其他地区相比占很大优势；单位数、从业人数、增加值在本地区经济中占有很大比重的产业；单位数、从业人数等虽不占优势，但创造的增加值占较大比重的产业等。

②与其他地区同类产业的比较优势。对不同地区同一产业单位数及相关指标的比较分析，是研究一个地区优势产业的重要基础。其基本的方法是在地区间同一产业的比较中，除单位数外加入更多的指标，使同一产业的地区差异更加明晰。同时，要结合利用其他资料，分析本地区的资源优势、地理优势，从而选出本地区的优势产业。

③劳动密集型、资本密集型、技术密集型产业分析。劳动密集型产业是指吸纳大量劳动力的产业，这类产业一般资金占用较少，技术含量不高，提供的增加值相对较多。资本密集型产业是指占有资金较多的产业，从业人员数、技术含量则是一个变数。技术密集型产业是指科技含量较高，从业人员相对较少，占有资金或多或少的产业。

相关调查资料中有关从业人员数、资产等数据，可为分析基本单位劳动密集型、资本密集型、技术密集型产业提供基础研究资料。利用这些资料，可以对一个地区各主要产业的类型加以分析。一个产业属于哪种类型，是一个相对的概念，既可以是本地区各类产业比较的结果，也可以是地区间同类产业进行比较的结果。

劳动密集型产业分析主要运用比较劳动生产率的方法，资本密集型产业分析主要运用比较资金产出率的方法，技术密集型产业则主要运用比较资金装备率的方法。资金装备率不能完全等同于技术装备率，但两者属于高度相关，特别是人均占有固定资产数量，能在一定程度上反映技术装备情况。除此之外，利用一些其他调查资料才能很好地对技术密集型产业分析。

(二)所有制结构分析

为了深化经济体制改革，调整和完善所有制结构，进一步促进生产力的发展，必须正确了解我国的经济成分状况。经济成分是指国民经济总体中各种所有制成分的构成情况，它不同于以企业登记注册信息所反映的企业组织形式的构成情况。所有制结构分析就是对国民经济总体中各种经济成分的构成情况、演变情况、所占地位及相互关系的分析。因此，经济成分分析是结构分析研究的对象，运用的主要也是结构分析方法。

基本单位所有制结构分析的主要对象和范围是全部企业单位，主要任务是反映经济成分的基本状况，研究公有制经济与其他经济成分之间的相互关系，为各级党委、政府制定发展战略、深化改革提供依据，以促进多种经济成分的共同健康发展。

1. 经济成分的总体情况分析

通过基本单位的“登记注册统计类别”和“企业控股情况”指标，对“国有”“集体”“私人”“港澳台”和“外商”企业个数进行汇总，得出这几类所有制企业的数量和比重。同时还可加工计算各类所有制企业从业人员、营业收入等的数量和比重。

2. 经济成分的专项分析

经济成分专项分析的重点应是对所有制构成各要素的分析，如国有经济、民营经济、外资企业的地位和作用分析，股份制企业、私营企业单位的规模、结构、经营状况及效益分析等。分析中不仅要紧扣经济成分划分这一主题，而且要与产业结构、规模结构、地区分布等密切结合。这里着重介绍如何分析国有经济的地位和作用，其他所有制形式的分析方法大致相似或相近，不一一列举。

(1)国有经济的比重分析

国有经济占整个国民经济的比重,是指国有经济总量,如资产、营业收入等重要指标,与全社会经济总量中同一指标的比较相对数。基本单位资料提供了国有经济控股情况的基础资料,由此不仅可以汇总国有控股企业的个数,而且还能通过相关指标的分组计算各种经济指标。

(2)国有经济的行业分布及不同行业中国有经济地位的分析

国有经济的主体地位不仅体现在总量上,更应该体现在关系国民经济命脉的重要部门、重要产业方面。为全面反映国有经济在不同行业的分布情况,可以通过基层数据处理,将国有企业按行业分类计算资产、营业收入及占全行业的比重,形成一个产业分布图,以观察国有经济的行业分布。单位数、资产、营业收入最多、最集中的产业,即为国有经济的主体产业。利用以上方法,还可以观察国有经济在其他完全可以由其他所有制经济经营的产业的分布情况。

(3)国有经济变动分析

国有经济在国民经济中的比重并不是一成不变的。随着国有企业改革、重组,一些国有资本投入非国有企业经营,使国有经济的比重发生了一定的变化。通过历年基本单位资料的比较,同时结合其他统计调查信息,可以清楚地看出国有经济单位数和有关经济指标的增减变动情况。

四、分布分析

分布是一个具有排列、坐落的概念,既可以是时间上的分布,也可以是空间上的分布,还可以是抽象概念(如行业、所有制)上的分布。它既可以是按属性指标分组(如按行业分)形成的分布,也可以是按数量指标分组(如按从业人数分、按资产分)形成的分布。分布分析是在统计分组的基础上,对事物分布的形式、状态进行描述和分析,同时结合各项指标值进行分析,以发现事物分布的特征、规律及存在的问题等。

(一)分布分析内容

研究分布一般采用次数分布方法,对于基本单位资料开发来讲,次数分布也就是基本单位分布。它是在统计分组的基础上,将总体的所有单位按组归类,形成总体中各个单位在各组间的分布。基本单位分布实质是把总体的全部单位按某标志所分的组进行分配所形成的数列,又称分布序列。

分布分析一般可以从以下几个方面观察。

一是分布的类型,从统计图中次数分布的形状判断次数分布属于哪种类型。概括起来,次数分布主要有三种类型:钟形分布、U 型分布和 J 型分布。对于基本单位来讲,其按规模大小(如按从业人数多少,按营业收入多少,按资产多少)形成的分布,是典型的反 J 型分布或称为 L 型分布。

二是分布的集中度,通过计算次数分布序列指标值的平均数、中位数或众数,分析分布的集中程度。对于单项数列来讲,中位数是数列按大小顺序排列居中间的那个数值,众数是数列中出现次数最多的数值;对于组距数列来讲,平均数是以各组的组中值作为代表值进行计算。中位数是先按 $\frac{\sum f}{2}$ 计算出中位数所在的组的位置,然后按照下限或上限公式确定中位数的具体数值。

三是分布的离散趋势,通过计算次数分布序列变异程度的平均差、标准差及变异系数(平均差系数或标准差)等,反映分布序列的离散程度。

四是分布的偏斜程度,通过计算次数分布序列的偏度,反映分布的偏斜程度。通常分为两种,右偏(或正偏)与左偏(或负偏),它是以对称分布为标准,如果众数小于平均数称为右偏(或正偏),如果大于平均数称为左偏(或负偏)。

利用基本单位资料可以开展多种形式的分布分析,如:基本单位的地区分布分析、行业分布分析、所有制分布分析等。对特定类型基本单位的分布分析,主要包括:1. 对各种所有制单位尤其是国有企业、外资企业等的分布分析;2.对各类规模企业尤其是规模最大的前若干家企业的分布分析;3.对各类与人民生活息息相关的服务业单位如学校、医院、商业网点、银行、公安、消防等单位的分布分析;4.对政府机关和公共服务部门等单位的分布分析。从中发现问题、找出对策,为国家或地区经济结构调整、合理布局和促进服务业繁荣发展提供建议。

(二)地区分布分析

各类单位,不论其属于何种性质、从事何种活动,不论级别高低,都有其固定或相对固定的活动场所,这就决定了基本单位一定坐落在某一个区域。这个区域可以是一个村(居委会)、一个乡镇(街道)、一个县(市、区、旗)、一个市(地、州)、一个省(自治区、直辖市)。对一定范围内基本单位、从业人数、资产等分布情况进行分析研究,从中找出其内在的联系、发展变化情况和规律,进而研究基本单位、从业人数、资产等地区分布对区域经济、地缘经济的影响。这种研究对于各级政府及有关方面制定经济和社会的地区布局和发展战略,有着十分重要的作用。

1.对全部基本单位总量的分布分析

通过对全部基本单位总量的地区分布状况分析,不仅可以看出基本单位在各地区的分布特点,而且可以较为准确地判断它们在各地区分布的差异程度。如利用基本单位资料,分析全国法人单位在东、中、西、东北地区的分布情况。

2.对特定类型单位的分布分析

通过对特定类型单位的地区分布分析,研究各种类型单位的地区分布状况,分析各种类型单位在各地区分布的差异程度,判断其在各地区分布的合理性及其存在的问题。如对不同经营性质单位的地区分布进行分析,像生产经营性单位与非生产经营性单位地区分布分析等,可以分析不同经营性质的单位在各地区分布的现状、问题与对策等;对不同行业单位的地区分布进行分析,像教育、卫生行业的学校、医院分布,金融业的银行分布等,可以分析不同行业的各类单位在各地区的分布现状与存在的问题,分析各地区的行业优势与各行业的优势地区等;对不同规模单位的地区分布进行分析，比如营业收入在500万元以上的企业地区分布分析，从业人数1万人以上的企业地区分布分析，全国规模最大的前500家企业地区分布分析等，可以分析各种规模企业在各地区的分布现状与差异，分析各地区的经济实力及各地区的经济规模等；对不同所有制单位地区分布进行分析，开展国有经济地区分布分析，外商投资企业地区分布分析，私营企业分布分析等，可以分析国有经济、民营经济及外商投资企业各类所有制企业在各地区的分布状况，分析各类所有制单位在地区分布的差异等。

3. 基本单位地区分布变动分析

基本单位是一个动态的概念，一个地区的基本单位数量总是在不断变动的。数量上的变动，是经济发展变化客观、真实的反映。历年基本单位资料提供了各地区基本单位增减变动的对比数据，使这一问题的分析研究有了良好的基础。

(1)基本单位地区分布增减变动分析

通过历年基本单位资料可以全面、真实地反映各地区基本单位的增减变动情况，从中可以分析各地经济发展差异。结合其他情况深入分析，就会发现许多问题，从而为地区经济发展以及经济结构调整提出咨询建议。

(2)不同地区基本单位出入变动分析

结合历年基本单位资料微观数据，比对出单位跨地区变动情况，对基本单位的流入流出进行分析研究，从一定程度上反映出一个地区投资条件、环境的优劣和经济的相对开放程度。

上面简要介绍了基本单位数量的分布分析，需要注意的是，由于各个基本单位之间的大小差异较大，单靠对基本单位数量的分布分析，只能从一个侧面或一个角度来说明情况，必须与生产要素的投入或产出规模等各项指标的分布结合起来，与人口和国土面积等社会经济总量的分布结合起来进行分析，才能得出比较科学全面的结论。

4. 从业人员与资产等要素地区分布分析

利用基本单位资料结合从业人数、资产等信息对地区分布情况进行分析，分析各地区资本与劳动力资源配置情况，为国家或地区扩大就业、合理配置资源提供咨询建议。同时，可以将基本单位地区分布、从业人数地区分布及资产地区分布等结合起来分析。分析一个国家或某地区的经济布局，单靠基本单位总量的地区分布分析是不够的，必须与从业人数、资产等总量的地区分布情况分析结合起来进行分析，才能比较客观的反映一个国家或地区经济地区分布的真实情况，反映一个国家或地区内部经济发展的平衡程度以及各地区的经济实力等。在进行基本单位、从业人数、资产等地区分布分析时，需要注意各指标的口径需一致。

5. 地区分布的关联分析

除了上述以基本单位数量、从业人数、资产等总量指标或分组指标为对象，进行地区分布的简单分析外，地区分布还有一项重要的内容，就是以相关联的两个或多个不同总体的总量指标为对象，进行地区分布的关联分析或相对指标分析，分析比较各地区经济规模、经济效益差异程度，研究基本单位在各地区分布的特征及分布的均衡性与合理性。

比如利用区位熵（Location Quotient）考察国民经济各行业在空间上分布的相对集中程度，衡量产业的聚集程度、专业化程度，从而对产业结构、产业布局以及区域经济发展做出评价和政策建议。LQ是指某地区某产业在本地区总产出中的份额与全国某产业占整个国民经济产出份额之比，其计算公式为：

$$LQ_{ij}=\frac{Aij/Aj}{Ai/A}$$

其中，LQ_{ij} 为区位熵或专业化率；A_{ij} 表示 j 地区 i 产业的产值，A_j 表示 j 地区所有产业的产值，A_i 表示所有地区 i 产业的产值，A 表示所有地区所有产业的产值。

再如利用从业人数、营业收入地区分布序列，可以计算出不同年度各地区以营业收入表现的劳动生产率，发现各地劳动生产率的变化。

同时可以计算出劳动生产率的标准差与变异系数，从而可以发现全市各地区劳动生产率的差异程度。对标准差和变异系数进行比较，就会发现全市各地区劳动生产率差距是扩大了（变异系数增大）还是缩小了（变异系数缩小）。

第六章　经济普查

普查是一个国家(或地区)为全面准确地了解重大国情国力状况，针对某类统计总体，按照统一的普查方案和工作流程，在统一的标准时点，组织开展的大规模、一次性的全面调查。经济普查是我国政府统计部门开展的三大周期性普查项目之一。

经济普查是对我国境内从事第二产业和第三产业活动的全部法人单位、产业活动单位和个体经营户进行的一项全面调查，主要了解第二产业和第三产业的发展规模、布局和效益。经济普查每5年进行1次，在逢3、逢8的年份实施。到2024年底，我国已成功开展了5次全国经济普查。

第一节　经济普查的目的和意义

一、经济普查的目的

《全国经济普查条例》规定，经济普查的目的，是为了全面掌握我国第二、第三产业的发展规模、结构和效益等情况，建立健全基本单位名录库及其数据库系统，为研究制定国民经济和社会发展规划，提高决策和管理水平奠定基础。

我国历次经济普查根据各个时期的经济社会形势变化和统计改革发展进程，都明确了具体的目标任务。2023年开展的第五次全国经济普查，目的是统筹开展投入产出调查，全面调查我国第二产业和第三产业的发展规模、布局和效益，摸清各类单位的基本情况，掌握国民经济行业间经济联系，客观反映推动高质量发展、构建新发展格局、建设现代化经济体系、深化供给侧结构性改革以及创新驱动发展、区域协调发展、生态文明建设、高水平对外开放、公共服务体系建设等方面的新进展。通过普查进一步夯实统计基础，推进统计现代化改革，为加强和改善宏观经济治理、科学制定中长期发展规划、全面建设社会主义现代化国家，提供科学准确的统计信息支持。

二、经济普查的意义

定期开展经济普查是我国的法定要求，是认识国情、摸清家底、服务决策、推动发展的重大举措。通过普查全面摸清经济社会发展状况，对于更好立足新发展阶段，完整、准确、全面贯彻新发展理念，着力推动高质量发展，加快构建新发展格局，以中国式现代化全面推进中华民族伟大复兴，具有重要而深远的意义。

（一）为宏观调控提供可靠依据

开展周期性经济普查，对我国第二产业、第三产业的全部法人单位、产业活动单位和个体经营户开展逐一调查，重点摸清企业组织结构、生产能力、财务状况、研发活动和数字化转型等情况，掌握各类单位基本信息，全面了解传统经济支柱行业转型升级进展、新产业新业态新商业模式发展规律，以及经济结构、市场活力、创新动力等方面发展变化特点，反映我国经济社会发展质量变革、效率变革、动力变革情况，为全面监测、分析和评价贯彻落实国家经济社会领域重大决策部署提供判断依据。同时，由于经济普查年份恰逢“五年规划”的中后期，可以及时量化社会发展主要目标、重大任务实现程度，为评估中长期经济社会发展规划成效、加强和改善宏观调控、推进国家治理体系和治理能力现代化提供全面准确的统计基础信息。

（二）为常规统计提供必要条件，为国民经济核算提供基础数据

《中华人民共和国统计法》规定：“搜集、整理统计资料，应当以周期性普查为基础，以经常性抽样调查为主体，综合运用全面调查、重点调

查等方法，并充分利用行政记录、社会大数据等资料”。经济普查是全面调查，在统计调查体系中拥有重要的基础性地位，是经常性统计工作顺利开展的重要基础。既为其他一些统计调查提供准确可靠的抽样框和基本单位信息，还为全国和地区国内生产总值核算提供范围更全面、内容更丰富的基础数据。同时，也为定期修订主要统计数据提供基准。如每次经济普查结束后，统计机构都利用经济普查结果对统计基本单位名录库进行全面更新。

（三）为地方政府决策、企业生产经营和社会公众提供信息参考

与常规统计调查相比，经济普查更有利于摸清全国经济社会发展“家底”，更有利于全面了解新时期经济运行状况和经济社会发展新变化、新特征。经济普查所提供的详细统计数据资料，可为地方政府履行经济调节、市场监管、社会管理和公共服务各项职责，为各类经营主体与社会公众正确判断经济形势和产业走向、制定投资计划、市场目标和评价成果，提供全面系统、真实可靠的统计信息支持。比如，第四次全国经济普查时期，国家和省级普查机构发布普查公报 200 余份，报送政务信息 740 余篇，开展课题研究 880 余项，出版书籍 240 余册。国务院经济普查办公室还选取 160 余万条经济普查微观数据，经脱敏处理后推送至国家统计局微观数据实验室，供社会公众开展分析研究使用。

（四）深化推进统计现代化改革

经济普查通过完善统计分类标准、健全统计指标体系，不断强化统计标准化、专业化建设。普查获取的海量基础数据为构建统计监测体系、服务常规统计提供有力支撑，同时有利于加强部门间数据共享应用，推动统计信息技术手段创新，是深化统计现代化改革的重要途径。比如，第五次全国经济普查充分发挥普查基础性作用，进一步夯实统计基本单位名录库，完善“三新”经济统计，巩固地区生产总值统一核算改革成果，更好编制全国和地方资产负债表。推进法人单位和产业活动单位并重统计改革、现代产业统计改革，加强数字经济统计监测能力，助推建立碳排放统计核算体系，推进统计信息与地理信息有机融合，为

深化统计现代化改革、更好发挥统计监督职能作用奠定基础。

第二节 我国经济普查实践

我国经济普查的历史可以追溯到1950年的全国工矿企业普查。此后，国家先后完成了三次工业普查（含工矿企业普查）、一次第三产业普查、两次基本单位普查。2003年，根据形势发展的需要，报请国务院批准，国家统计局、国家发展和改革委员会、财政部联合下发了《关于调整国家普查项目和周期安排的通知》（国统字〔2003〕44号），决定调整国家普查项目和周期安排。将定于2003年进行的第二次全国第三产业普查推迟，与原计划在2005年开展的第四次全国工业普查和2006年开展的第三次全国基本单位普查合并，同时将建筑业纳入普查范围，在2004年开展第一次全国经济普查。此后，全国经济普查每10年进行两次，分别在逢3、逢8的年份实施。目前，我国已在2004年、2008年、2013年、2018年和2023年分别开展了五次全国经济普查。

一、第一次全国经济普查

根据《国务院关于开展第一次全国经济普查的通知》（国发〔2003〕29号），2004年开展第一次全国经济普查。第一次全国经济普查主要是为了全面掌握我国第二产业和第三产业的发展规模、结构和效益等信息，建立健全覆盖国民经济各个行业的基本单位名录库及其数据库系统。认真搞好经济普查，对研究制订国民经济和社会发展规划，优化经济结构，改进宏观调控，开拓新的就业渠道，提高人民生活水平，全面建设小康社会，具有重要意义；对改革统计调查体系，完善国民经济核算制度，健全统计监测和预警、预报系统，发挥重要作用。

第一次全国经济普查，表式和内容设计体现了基层单位一套表的思想，分别设置工业企业、建筑业企业、批发零售企业等9套基层单位普查一套表。普查主要内容包括单位基本属性、就业人员、财务状况、生产经营情况、生产能力、原材料和能源消耗、科技活动情况等。对于部门负责普查的单位，主要由金融、铁路、邮政、军队、武警垂管系统负责普查单位的基本情况、财务状况等内容。

第一次全国经济普查，首次实现了我国第二、第三产业和基本单位情况的合并调查。各级普查机构从统计系统和有关单位抽调人员，共动员组织了300多万名普查员和普查指导员，1000多万名机关和企事业单位的统计和财务人员，对我国境内从事工业、建筑业和服务业的516.9万个法人单位、682.4万个产业活动单位、3921.6万户个体经营户，进行了规模空前的普查登记，掌握了宝贵的第一手资料。

第一次全国经济普查后，国家统计局根据经济普查资料对2004年GDP进行了重新核算，并主要对1993年以来的GDP历史数据进行了修订。根据经济普查资料初步测算，我国2004年GDP现价总量为159878亿元，比快报核算数增加了23002亿元，增幅为16.8%。

二、第二次全国经济普查

为了全面掌握我国第二产业和第三产业的发展规模及布局，了解我国产业组织、产业结构、产业技术的现状以及各生产要素的构成，摸清我国各类企业和单位能源消耗的基本情况，建立健全覆盖国民经济各行业的基本单位名录库、基础信息数据库和统计电子地理信息系统，为加强和改善宏观调控、科学制定中长期发展规划提供科学准确的统计信息支持，我国于2008年进行了第二次全国经济普查。

这次普查设计了3类基层普查表。一是普查通用表，包括单位基本情况普查表（包括法人和产业活动单位表）、企业普查表、非企业单位普查表等；二是专业普查表，包括规模以上工业、资质内建筑业、限额以上批发和零售业、住宿和餐饮业、房地产开发业企业的普查表；三是部门普查表，包括铁路运输业普查表、银行业及相关金融业（不包括典当业）、证券业、保险业的财务表。

与第一次全国经济普查相比，第二次全国经济普查方案在三个方面有较大改进，一是为适应国家建设资源节约型、环境友好型社会对能源消耗统计的需求，将能源和水资源消耗调查范围，由规模以上工业扩大到全部第二产业、第三产业单位，并增加了高耗能行业通用设备情况调查；二是制定了全国统一的单位清查方案，采取“地毯式”清查办法，对普查对象进行了全面清查，确保单位不重不漏；三是针对个体经营户的复杂性，制定了统一的调查方案，确保个体经营户数和就业人数的数据质量。

第二次全国经济普查共动员组织了300多万名普查员和普查指导员，对有证照的2874万个个体经营户进行了“地毯式”单位清查，对从事工业、建筑业和服务业的710万个法人单位、886万个产业活动单位，进行了现场登记。通过普查，查清了第二、第三产业所有单位和个体经营户的基本情况，基本摸清了我国第二、第三产业的规模、布局、结构和效益情况以及能源和水资源消耗状况。

依据国内生产总值(GDP)核算制度和第二次全国经济普查结果，按照国际惯例对2008年全国GDP初步核算数进行了修订，修订后的2008年全国GDP总量为314045亿元。其中，第一产业增加值为33702亿元，占GDP的比重为10.7%；第二产业增加值为149003亿元，占GDP的比重为47.5%；第三产业增加值为131340亿元，占GDP的比重为41.8%。

根据经济普查能源消费调查结果，2008年全国能源消费总量调整为29.1亿吨标准煤，比已公布的初步数据增加2.12%。同时按照通行做法对2005—2007年能源消费总量数据也做了相应修订。根据修订后的能源消费数据和GDP数据，2008年全国单位GDP能耗比上年下降5.2%，比2005年下降12.45%。

三、第三次全国经济普查

根据《国务院关于开展第三次全国经济普查的通知》(国发〔2012〕60号)，2013年我国开展了第三次全国经济普查。第三次全国经济普查主要目的是全面调查了解我国第二产业和第三产业的发展规模及布局,进一步查实服务业、战略性新兴产业和小微企业的发展状况,摸清我国各类单位的基本情况,全面更新覆盖国民经济各行业的基本单位名录库、基础信息数据库和统计电子地理信息系统,为加强和改善宏观调控,加快经济结构战略性调整,科学制定中长期发展规划,提供科学准确的统计信息支持。

这次普查根据单位类型分别设置普查内容和普查表。一是对于联网直报单位,普查内容包括单位基本属性、组织结构情况、从业人员及工资总额、财务状况、生产经营情况、能源和水消费情况、科技情况和信息化情况等。二是对于非联网直报单位,其中,法人单位的普查内容包括单位基本属性、从业人员、实收资本、资产总计、企业营业收入或非企业支出(费用)、税金、煤炭消费量(限工业法人单位)等;产业活动单位的普查内容包括单位基本属性、从业人员、经营性收入或非经营性支出(费用)等。三是对于个体经营户,普查内容包括个体经营户基本属性和从业人员,抽样调查内容包括营业收入、营业支出、付给雇员的报酬、缴纳的税费等。

第三次全国经济普查积极利用现代信息技术变革普查方式。一是采用手持电子终端进行现场登记,包括对普查对象空间定位、拍摄证照、采集数据,并在线上传到国家统计局。二是使用联网直报系统开展普查,近100万家规模以上企业在国家联网直报平台上填报普查表。三是实现普查设计、任务布置和数据采集、传输、处理等生产过程的电子化、网络化。这三方面的重大创新,省去以往纸质填报、光电录入等环节,极大减轻普查人员负担,有力提升普查工作信息化水平和效率。

第三次全国经济普查共动员组织了约300万名普查员和普查指导员,对我国境内从事第二产业和第三产业的1085.7万个法人单位、1303.5万个产业活动单位、3279.1万个有证照个体经营户进行普查登记。通过普查,摸清了我国第二产业和第三产业的发展规模及布局,摸清了我国产业组织、产业结构、产业技术的现状以及各生产要素的构成，查实了服务业、战略性新兴产业、小微企业和高技术产业（制造业）的发展状况。

2014 年 12 月 19 日，依据第三次全国经济普查结果，国家统计局对 2013 年国内生产总值初步核算数进行了修订。主要结果为：2013 年国内生产总值为 588019 亿元，比初步核算数增加 19174 亿元，增幅为 3.4%。修订后的第一产业增加值为 55322 亿元，比重为 9.4%；第二产业增加值为 256810 亿元，比重为 43.7%；第三产业增加值为 275887 亿元，比重为 46.9%。

四、第四次全国经济普查

根据《国务院关于开展第四次全国经济普查的通知》（国发〔2017〕53 号），2018 年我国开展第四次全国经济普查。普查的主要目的是全面调查我国第二产业和第三产业的发展规模、布局和效益，了解产业组织、产业结构、产业技术、产业形态的现状以及各生产要素的构成，摸清全部法人单位资产负债状况和新兴产业发展情况，进一步查实各类单位的基本情况和主要产品产量、服务活动，全面准确反映供给侧结构性改革、新动能培育壮大、经济结构优化升级等方面的新进展。通过普查，完善覆盖国民经济各行业的基本单位名录库以及部门共建共享、持续维护更新的机制，进一步夯实统计基础，完善“三新”统计，推进国民经济核算改革，推动加快构建现代化统计调查体系，为加强和改善宏观调控、深化供给侧结构性改革、科学制定中长期发展规划、推进国家治理体系和治理能力现代化提供科学准确的统计支持。

普查的主要内容包括单位基本情况、组织结构、人员工资、财务状况、能源生产与消费、生产能力、生产经营和服务活动、固定资产投资情况、研发活动、信息化和电子商务交易情况等。根据不同的普查对象，其普查内容也有所不同，具体分为一套表单位普查表、非一套表单位普查表、个体经营户普查表和部门普查表。

第四次全国经济普查在普查方法、数据采集、执法监督、质量保障等方面加强顶层设计，积极实践创新，采取一系列有效措施，确保方案设计、单位清查、现场登记、事后质量抽查、汇总评估等各项普查任务有序完成。一是普查方法科学。采取“地毯式”全面清查、全面普查和抽样调查相结合的数据采集方式，通过试点总结经验，制定详尽的业务流程规范，确保普查工作高效有序开展。二是创新普查方式。扩大联网直报单位范围，全面使用手持移动终端（PAD）采集数据，实现普查数据生产全过程电子化、网络化，提高普查工作效率。充分运用部门行政记录，积极应用“五证合一”改革成果，减轻了普查对象的负担。三是强化执法检查和社会监督。建立健全普查数据质量追溯和问责机制，加大普查违纪违法行为查处力度。自觉接受媒体和社会监督，面向社会公开招募了31名义务监督员，全程参与事后质量抽查工作，确保普查源头数据质量。四是实行全过程数据质量控制。实时监控普查数据采集、上报，加强实地数据核实与业务指导，开展源头数据自查与抽查。组织开展较大规模的事后质量抽查，数据填报综合差错率为1.09%。

第四次全国经济普查全面摸清了我国第二产业和第三产业家底，系统反映了我国经济社会发展状况。2019年11月，国家统计局发布了《第四次全国经济普查公报》（第1—7号）。普查结果显示：2018年末，全国共有从事第二产业和第三产业活动的法人单位2178.9万个，产业活动单位2455.0万个，个体经营户6295.9万个。全国第二产业和第三产业法人单位从业人员3.8亿多人，个体经营户从业人员近1.5亿人。

2019年11月22日，依据我国国内生产总值核算制度和第四次全国经济普查结果，国家统计局对2018年国内生产总值初步核算数进行了修订。主要结果为：2018年国内生产总值为919281亿元，比初步核算数增加18972亿元，增幅为2.1%。修订后的第一产业增加值为64745亿元，比重为7.0%；第二产业增加值为364835亿元，比重为39.7%；第三产业增加值为489701亿元，比重为53.3%。

五、第五次全国经济普查

根据《国务院关于开展第五次全国经济普查的通知》(国发〔2022〕22号),2023年我国开展第五次全国经济普查。第五次全国经济普查统筹开展投入产出调查,全面调查我国第二产业和第三产业发展规模、布局和效益,摸清各类单位基本情况,掌握国民经济行业间经济联系,客观反映推动高质量发展、构建新发展格局、建设现代化经济体系、深化供给侧结构性改革以及创新驱动发展、区域协调发展、生态文明建设、高水平对外开放、公共服务体系建设等方面的新进展。通过普查,进一步夯实统计基础,推进统计现代化改革,为加强和改善宏观经济治理、科学制定中长期发展规划、全面建设社会主义现代化国家,提供科学准确的统计信息支持。

第五次全国经济普查的主要内容包括普查对象基本情况、组织结构、人员工资、生产能力、财务状况、生产经营、能源生产和消费、固定资产投资、研发活动、信息通信技术应用和数字化转型情况、数字经济活动、投入产出情况等。按照单位类别和规模分别设置普查表式和投入产出调查表式,具体分为5类:一套表单位普查登记表、非一套表单位普查登记表、个体经营户普查登记表、部门普查登记表和投入产出调查表。

第五次全国经济普查主要有三个方面特点。一是首次统筹开展投入产出调查。经过组织研究和专项试点论证,第五次全国经济普查采用“统分结合”方式同步开展投入产出调查,整合经济普查与投入产出调查重复内容、重复环节,更加全面、系统地收集基层数据,巩固国民经济核算改革成果,提升统计调查数据的协调性,促进经济总量数据与结构数据更好衔接。二是进一步完善“三新”经济统计。新增数字经济调查内容,采集数字经济核心产业和数字化效率提升业数据,更好反映我国经济发展数字化进程。系统研究推进平台经济调查,为查清统全新产业、新业态、新商业模式发展情况奠定基础。三是创新普查方式手段。应对经营主体快速增长和经营形式灵活多变的新形势新挑战，持续深化部门行政记录资料应用，深化普查技术手段创新，提高普查工作质效。新增自主填报方式采集普查数据，对单位清查阶段申请自主填报的单位，支持在线自主填报普查表。首次开发移动端小程序采集数据，提高普查数据采集便利性。首次建立投入产出调查电子统计台账，便捷企业填报投入产出调查数据。创新建设普查工作调度和普查人员管理系统，以信息化手段提高基层普查人员培训与管理工作实效。

经过全国210多万普查人员的共同努力，第五次全国经济普查顺利完成，客观反映出五年来我国高质量发展取得明显成效。2024年12月，国家统计局发布了《第五次全国经济普查公报》（第1—7号）。普查结果显示：2023年末，全国共有从事第二产业和第三产业活动的法人单位3327.0万个，产业活动单位3636.0万个，个体经营户8799.5万个。全国第二产业和第三产业法人单位从业人员42898.4万人，个体经营户从业人员17956.4万人。

2024年12月27日，依据我国国内生产总值（GDP）核算制度和第五次全国经济普查结果，并同步实施城镇居民自有住房服务核算方法改革，国家统计局对2023年国内生产总值初步核算数进行了修订。主要结果为：修订后，2023年国内生产总值为1294272亿元，比初步核算数增加33690亿元，增幅为2.7%。修订后的第一产业增加值为89169亿元，占国内生产总值的比重为6.9%；第二产业增加值为475936亿元，比重为36.8%；第三产业增加值为729167亿元，比重为56.3%。

本章第三节至第六节以第五次全国经济普查为例，分别阐述经济普查的主要内容、主要流程、组织实施和数据质量控制有关情况。

第三节　经济普查的主要内容

一、普查对象和范围

（一）普查对象

经济普查对象是我国境内从事第二产业和第三产业活动的全部法人单位、产业活动单位和个体经营户[①]。

（二）普查范围

经济普查的行业范围为第二、第三产业所涵盖的行业。依据《国民经济行业分类》(GB/T4754－2017)和《三次产业划分规定》，第五次全国经济普查的行业范围具体包括：采矿业，制造业，电力、热力、燃气及水生产和供应业，建筑业，批发和零售业，交通运输、仓储和邮政业，住宿和餐饮业，信息传输、软件和信息技术服务业，金融业，房地产业，租赁和商务服务业，科学研究和技术服务业，水利、环境和公共设施管理业，居民服务、修理和其他服务业，教育，卫生和社会工作，文化、体育和娱乐业，公共管理、社会保障和社会组织，以及农、林、牧、渔专业及辅助性活动。

二、普查时点和时期

普查时点为普查年份的 12 月 31 日，时期资料为普查年度资料。2023 年开展的第五次全国经济普查，标准时点为 2023 年 12 月 31 日，普查登记时，时点指标填写 2023 年 12 月 31 日数据，时期指标填写 2023 年 1 月 1 日—12 月 31 日数据。

三、普查内容

《全国经济普查条例》规定，经济普查的主要内容包括：单位基本属

① 参考本书第一章第二节有关定义。

性、从业人员、财务状况、生产经营情况、生产能力、原材料和能源消耗、科技活动情况，历次经济普查根据各阶段工作需要明确具体普查内容[①]。

四、普查方法

普查方法采取先单位清查再普查登记的方式。通过“地毯式”清查对辖区内全部法人单位、产业活动单位和从事第二产业、第三产业的个体经营户进行全面清查，确保普查单位不重不漏，准确界定普查对象和种类，并相应决定普查内容和方式。在全面清查基础上，对法人单位和产业活动单位进行全面调查，对个体经营户进行抽样调查，对投入产出调查单位采取重点调查和典型调查相结合的方式进行调查。

普查数据报送方式。在单位清查阶段，普查员使用PAD、手机等手持电子终端采集清查对象数据；在普查登记阶段，采取普查员上门采集、普查对象自主填报、部门组织普查等方式采集普查对象数据。

第四节　经济普查的主要流程

经济普查调查范围广、参与部门多、技术要求高，是复杂庞大的系统工程，是广泛的社会动员。第五次全国经济普查从开始筹备到完成资料开发应用工作历时近5年，大体分为四个阶段：2022年是普查筹备阶段，主要是制定普查总体思路框架，研制普查方案和开展专项试点，部署投入产出调查等；2023年是普查准备阶段，主要是组建各级普查机构，开展综合试点，完善部署普查方案，研发部署普查软件，选聘与培训普查人员，开展单位清查等；2024年是普查组织实施阶段，主要是开展普查登记，组织事后质量抽查，审核汇总并发布普查主要数据等；2025年至2026年是普查资料开发应用阶段，主要是建立普查数据库，编辑

---

① 详见本章第二节历次经济普查中的普查内容。

出版普查资料，开展课题研究分析等。第五次全国经济普查各阶段主要业务流程如图 6.1 所示。

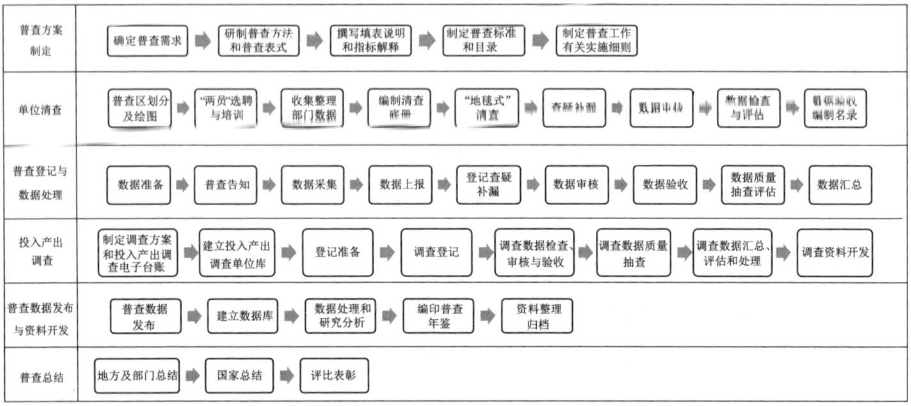

图 6.1 第五次全国经济普查业务流程图

一、制定普查方案

普查方案顶层设计是否科学，事关普查是否反映新时代经济社会发展新特征，事关普查成果能否为党中央、国务院科学决策提供统计支撑。

（一）启动方案研制。2022 年 3 月，制定《第五次全国经济普查总体思路框架》，明确第五次全国经济普查定位、普查方式、实施路径。国务院经济普查办公室认真总结历次普查经验，围绕服务推动高质量发展，强化高质量发展统计监测总体目标，研究制定普查方案。

（二）组织普查试点。2022 年 7—9 月，在北京等 14 个地区开展专项试点，检验普查新内容、新方法、新技术的可行性。2023 年 3—5 月，在内蒙古、吉林、浙江、湖南、重庆、新疆 6 个地区开展普查综合试点，模拟普查全过程，检验普查方案和工作流程的科学性、有效性和合理性。试点为优化完善普查方案提供实践依据。

（三）广泛征求意见。在方案研制过程中，国务院经济普查办公室通过召开普查方案研讨会、部门业务座谈会、试点总结会、专家咨询会，实地调研、研讨交流,充分听取各方面的业务需求和意见建议。多次征求有关部委、国家统计局各相关司级单位、各省级统计局对方案过程稿的意见,研究提出优化调整方法,不断完善普查方案。

(四)审议并印发普查方案。2023 年 7 月 7 日,国务院第五次全国经济普查领导小组召开第一次全体会议,审议并原则通过《第五次全国经济普查方案》。2023 年 7 月 31 日,国家统计局、国务院经济普查办公室印发《第五次全国经济普查方案》。

(五)制定地区普查实施方案。省级普查机构根据《第五次全国经济普查方案》制定本地区普查实施方案,报国家统计局、国务院经济普查办公室审批备案。各地区原则上不得增加普查内容,如省级普查机构确需增加内容,由省统计局和省级经济普查办公室报国家统计局和国务院经济普查办公室审批。

(六)制定部门普查实施办法。金融、铁路、海关、军队等单独组织实施普查的部门,按照《第五次全国经济普查方案》方案要求,制定本行业、本系统普查实施办法,报国务院经济普查办公室审核批准后,统一布置实施。

二、普查区划分及绘图

(一)普查区域划分原则

经济普查区域包括省级、地市级、县级、乡级、村级和普查小区共六级,通常将村级普查区域简称为普查区。

1. 划分原则。以统计用区划为基础,结合行政管辖地域情况划分普查区域。上级普查区域完整覆盖下级普查区域,同级普查区域不重叠,根据普查对象数量划分普查小区,保障合理安排普查员工作量。

2. 基本要求。每个普查区域均为完整、封闭的区域。相邻普查区域之间只能有一条边界线,下级普查区域合并后应与本级区域范围吻合。普查区域划分过程中,应当适时与实际区域进行核对,重点核对边界是否正确、有无遗漏等。归属于某个区域管理但实际位置处在另外一个区域范围内的飞地，可以作为一个封闭区域划归其归属的区域。归属地和实际位置处在同一县内的为本埠飞地，处在不同县的为外埠飞地。

（二）实施步骤

1. 工作准备。国务院经济普查办公室统一选定并下发普查区划分与绘图过程中需要使用的电子地图数据资料，有条件的省、地市级普查机构可协调获取更详细且符合格式要求的本地建筑物地图数据作为补充。

2. 划分乡级和普查区边界。省级普查机构组织地市、县级普查机构确定县级及以上区域边界。县级普查机构组织普查工作人员确定乡级边界和普查区边界。

3. 标注建筑物。县级普查机构组织普查工作人员，按照应标尽标、按实标注、涉敏不标的要求，使用手持电子终端在普查区现场，按民政部门颁发的地址对建筑物和地址点进行标注，并采集建筑物信息。标绘系统中建筑物轮廓清晰、地址清楚的，可不到现场，直接使用计算机标注。

4. 划分普查小区并制图。乡级普查机构组织普查工作人员，根据建筑物和普查对象分布情况，将普查区划分为若干个普查小区。县级普查机构组织开展普查区边界、普查小区边界和建筑物信息审核，绘制普查小区图。

三、普查指导员和普查员选聘及培训

广大普查指导员、普查员是开展普查工作的主要力量，普查指导员及普查员的责任心、工作积极性、普查业务能力等直接影响普查源头数据的质量。普查指导员和普查员的选聘、培训和管理对高质量完成普查工作十分重要。

（一）普查指导员和普查员的主要职责

普查指导员的主要职责是组织、指导、检查普查员的工作，保证按时高质量完成各项工作任务。普查员的主要职责是通过学习培训掌握普查工作技能，向普查对象解释制度规定，依法采集普查数据，核实数据问题，要求普查对象据实纠正数据，确保源头数据质量。

（二）普查指导员和普查员的选聘

原则上，每5至10名普查员配备一名普查指导员，每个普查小区至少配备一名普查员；普查对象数量多、交通条件困难的地区，应适当增加普查员和普查指导员数量。

普查指导员和普查员一般由普查机构从社会招聘或者从有关单位商调。各有关单位应当积极推荐符合条件的人员担任普查指导员和普查员。

（三）普查指导员、普查员的培训

地方各级普查机构要对普查指导员和普查员进行系统全面的线上或线下培训。培训内容主要包括：单位清查、普查相关法律法规、普查保密要求、普查工作纪律、普查方案、普查工作流程、普查设备操作、普查软件及普查工作必备的专业知识和技能、上门调查要求等。通过培训，要确保普查指导员和普查员熟练掌握普查工作所需各项基础知识、基本技能、普查设备的使用和普查表的填报方法。普查机构应在授课结束后组织培训考试，并为培训考试合格且签订保密承诺书的人员颁发普查证件（《普查指导员证》或《普查员证》）。

省级普查机构抽取部分普查指导员和普查员，进行业务能力测试，并在一定范围内通报测试结果；对测试结果较差的地区，责成县级普查机构强化本地区所有普查指导员和普查员的培训，提高其业务能力。

（四）普查指导员、普查员的管理

地方各级普查机构应制定普查指导员和普查员的管理制度，规范工作纪律。省级普查机构负责统筹开展本省（自治区、直辖市）的普查指导员和普查员选聘及管理工作，地市级普查机构根据当地情况负责落实普查指导员和普查员选聘及管理工作，县级普查机构负责监督指导普查指导员和普查员选聘及管理工作，乡镇、街道负责具体实施普查指导员和普查员选聘工作及其日常工作的管理。第五次全国经济普查进一步提高普查人员管理信息化水平，普查机构运用普查工作调度和普查人员管理系统加强普查指导员和普查员信息管理，统一编码、印制普查证件。

四、单位清查

单位清查是经济普查的重要基础性环节。通过单位清查，可以摸清我国境内从事经济社会活动的各类法人单位、产业活动单位以及从事第二产业和第三产业活动个体经营户的基本情况和分布状况，准确界定普查对象与种类，明确地方普查机构与相关部门的普查登记责任，确保普查对象类型界定准确、普查单位不重不漏，为后续各项经济普查工作奠定基础。

（一）单位清查方式

单位清查由县级普查机构组织人员使用手持电子终端，对所辖普查区域内除军队系统普查对象外的全部法人单位、产业活动单位和从事第二产业和第三产业活动的个体经营户，进行“地毯式”逐一清查，分类填报清查表。根据国务院经济普查办公室下发的金融、铁路部门名录单位，县级普查机构组织人员核实单位类型、单位所在地址和运营状态，免填清查表其他内容。

（二）单位清查表式内容

对法人单位和产业活动单位、个体经营户分别设计 2 张清查表。法人和产业活动单位清查表主要内容包括单位类型、统一社会信用代码、单位详细名称、法定代表人、运营状态、单位所在地区划及详细地址、单位注册地区划及详细地址、联系电话、行业类别、机构类型、成立时间、开业时间等。个体经营户清查表主要内容包括个体经营户名称、个体经营户经营者姓名、有无营业执照、统一社会信用代码、联系电话、个体经营户所在地区划及详细地址、行业类别、从业人员期末人数、预计当年营业收入等。

（三）单位清查实施步骤

1.编制清查底册。县级及以上普查机构按规定的部门职责分工，从相关部门收集单位名录和相关资料。第五次全国经济普查中，向各级普查机构提供单位名录的部门包括民政部、市场监管总局、税务总局、中国人民银行、金融监管总局、中国证监会等等。省级普查机构根据基本单位名录库与各部门数据，合并生成法人和产业活动单位清查底册，有条件的地区生成个体经营户清查底册。

2.“地毯式”清查。实地调查开始前，普查机构将按规定开展清查告知工作，以便广大普查对象知晓并配合单位清查。普查员根据普查区地图，逐户开展清查。实地清查时，普查员须持有并主动出示普查员工作证件，自我介绍，说明来意；应请普查对象出示营业执照或其他证照，确认为清查对象的，使用手持电子终端填写清查表；需及时向普查对象解释各项指标的具体含义并使用移动采集软件对清查数据进行初步审核，发现问题时及时与普查对象沟通并据实修改；及时上报采集的信息。

县级普查机构通过发布公告、设立集中登记点等方式，督促尚未登记的清查对象进行清查登记。

3.查疑补漏。县级普查机构根据部门提供的新增单位、统计调查发现的新增单位、清查数据与清查底册的差异情况、法人单位和产业活动单位关联审核情况等开展查疑补漏工作。

4.数据审核。各级普查机构及时组织编码：对没有统一社会信用代码的单位，编制统计用临时代码；根据地址信息，补充编制区划代码；根据清查对象填写的主要业务活动信息，利用行业智能赋码功能辅助编写行业代码；依据普查单位划分规定，标记视同法人单位。

各级普查机构组织开展随报随审，综合运用规范性审核、法产关联审核、重复审核等方式开展审核，对采集信息进行汇总、分析，及时发现数据质量问题，安排回访复核。

5.数据检查与评估。“地毯式”清查基本结束后，省级及以下各级普查机构组织开展数据检查与评估工作。省级和地市级普查机构采取实地核查、电话核查、委托第三方核查等方式对下级普查机构的清查数据质量进行检查。县级普查机构抽取一定比例的普查小区，逐户调查核对。省级及以下各级普查机构采取多种方式评估清查数据质量。

6.数据验收与普查名录编制。省级普查机构组织完成本省（自治区、直辖市）清查数据的审核验收。国务院经济普查办公室组织全面审核清查表，建立全国清查数据库；根据单位清查结果、一套表调查单位审核确认结果和部门确认结果，标记各类单位，整理形成各类普查单位名录，并统一反馈省级普查机构。

五、普查登记

普查登记是经济普查的中心环节，直接决定整个普查的数据质量和工作进度。

（一）前期准备

国务院经济普查办公室将普查单位名录部署至普查数据采集处理系统中。各级普查机构采用多种方法向普查对象告知经济普查有关事宜，指导和督促普查对象做好相关准备。

（二）数据采集与审核

不同的普查对象采用不同方式开展数据采集。一套表单位在数据采集处理系统中填报普查表；非一套表单位由普查员使用手持电子终端上门调查或由普查对象以自主填报的方式报送普查表；金融、铁路等部门负责普查的单位由相关部门进行普查登记；个体经营户样本单位由普查员使用手持电子终端上门调查。投入产出调查单位将填写完成的投入产出调查电子统计台账导入数据采集处理系统。

县级普查机构根据部门提供的新增单位、统计调查发现的新增单位、实地调查结果与普查单位名录差异情况，以及法人单位和产业活动单位关联审核情况进行查疑补漏。

为保证源头数据质量，普查员在上门调查过程中，需认真查阅普查对象的相关经营证照和与经济普查有关的会计、统计和业务核算等原始资料，检查普查相关资料的有效性、完整性和准确性。各级普查机构对数据进行随报随审，及时组织督促普查员核实有关情况，据实修改问题错误。

（三）数据检查与抽查

审核验收期间，省级普查机构组织开展本地区数据质量检查工作，抽取部分普查小区进行实地检查，检验普查数据质量，发现和修正问题错误。国务院经济普查办公室组织开展全国统一的普查事后质量抽查，通过随机抽取部分普查对象，现场检查普查登记工作和登记差错情况，为评价经济普查工作规范性和普查结果准确性、评估全国及省级经济普查数据质量提供科学依据。

六、投入产出调查

投入产出调查是按《国务院办公厅关于进行全国投入产出调查的通知》（国办发〔1987〕18 号）要求，每五年开展一次的大型调查，以往在逢 2、逢 7 的年份实施。第五次全国经济普查首次统筹开展投入产出调查，统一调查标准时点为 2023 年 12 月 31 日。

（一）调查目的作用

投入产出调查为了解国民经济各部门投入结构和投资结构、编制 2023 年投入产出表和供给使用表、开展国民经济核算提供基础数据。投入产出表和供给使用表用于描述国民经济各部门在一定时期内生产活动的投入来源和产出使用去向，揭示国民经济各部门间相互依存、相互制约的数量关系，是研究制定发展规划和重大战略、分析重大决策和重大事件对国民经济活动的影响等宏观经济分析的重要依据。

（二）调查方法与内容

投入产出调查采取重点调查和典型调查相结合的调查方法，需要将生产经营状况稳定、行业代表性强、会计核算基础好、配合度较高的单位选定为投入产出调查单位。投入产出调查内容是分行业重点法人单位的投入结构和固定资产投资构成，调查表分行业、分单位进行设计，具有指标多、分类细的特点。

（三）主要工作流程

2022年2月—2023年9月，制定调查方案和投入产出调查电子台账。2022年10月—2023年2月，建立投入产出调查单位库。2023年1月—12月，开展投入产出调查电子台账填写，通过组织投入产出调查单位按季度记录电子台账，为正式登记做好准备。2024年1—4月，同步开展经济普查数据和投入产出调查数据登记。

七、普查数据汇总、评估、共享与发布

（一）普查数据汇总

根据验收后的普查基层数据，汇总全国以及分地区、分行业等分组的法人单位、产业活动单位和个体经营户基本情况数据和主要经济指标数据。

（二）普查数据质量评估

通过对事后质量抽查结果的分析，评估普查基础数据质量。结合相关历史数据、部门行政记录，对主要指标和分地区、分行业数据进行比较分析，评估普查综合数据质量。

（三）普查数据共享与发布

国务院经济普查办公室及时发布经济普查公报，开展专题分析解读，向社会发布普查主要成果。根据普查数据结果和部门需求，普查相关数据可以依法在部门之间共享。

八、普查资料开发

（一）建立数据库

建立和完善经济普查相关数据库，全面更新覆盖国民经济各行业的基本单位名录库、投入产出调查单位库、基础信息数据库和统计电子地理信息系统。

（二）开展研究分析

围绕推动高质量发展、构建新发展格局、建设现代化经济体系等新进程，聚焦社会各界普遍关注的热点问题，利用普查资料开展专题分析研究；编制投入产出表和供给使用表，开展投入产出应用分析。

（三）编印普查资料

编辑出版经济普查年鉴等普查资料。

（四）资料整理

各级普查机构、各部门整理经济普查过程文件，编辑出版文件汇编、经验选编、报告选编和论文汇编等资料；对文件、资料、出版物进行整理归档，划拨设备等。

九、普查总结

（一）地方及部门总结

地方各级普查机构对普查工作进行技术业务和工作总结，按要求上报上级普查机构，并按有关规定进行普查工作综合考评，开展普查表彰工作。国务院经济普查办公室各成员部门结合工作实际，按要求开展普查总结。

（二）国家总结

在地方和部门总结的基础上，国务院经济普查办公室对全国普查工作进行总结，并按有关规定进行普查工作综合考评，开展普查表彰工作。

第五节　经济普查的组织实施

一、普查组织实施原则

经济普查由国务院统一领导，国务院和地方各级人民政府统计机构和有关部门按照“全国统一领导、部门分工协作、地方分级负责、各方共同参与”的原则共同组织实施。

全国统一领导。国务院专门印发关于开展经济普查的通知，成立全国经济普查领导小组及其办公室，统一领导经济普查工作。国务院经济普查领导小组负责普查组织和实施中重大问题的研究和决策，由国务院领导同志任组长，相关部门负责人为成员。国务院经济普查办公室设在国家统计局，由相关部门人员共同组成，负责普查的具体组织实施和协调，包括普查的宣传动员、方案设计、培训和部署、单位清查、普查登记、数据处理、资料开发、普查总结和日常组织协调等工作。

部门分工协作。国务院经济普查领导小组及其办公室的各组成部门按照国家统一部署，各司其职、各负其责、密切配合，共同完成普查各项工作，任何部门和单位都不能自行其是。相关部门工作职责一般在《全国经济普查方案》《国务院经济普查办公室工作规则》中予以明确。按照职责分工类别，参与普查工作的部门一般可分为负责协调综合保障、共享普查基础名录、单独组织实施、协作开展普查的部门和单位，具体分工如表 6.1 所示。

表 6.1　国务院第五次全国经济普查领导小组办公室组成部门

综合协调部门：负责做好组织协调，推动做好普查保障等工作。	国家统计局 国家发展改革委 财政部 中央政法委 中央网信办
单独组织实施部门：负责组织开展本系统的经济普查及投入产出调查。	中国人民银行 金融监管总局 中国证监会 海关总署 国家铁路局 国铁集团 中央军委战略规划办公室
共享普查基础名录的部门：负责及时提供行政登记资料，助力单位查疑补漏和单位认定。	中央编办 教育部 民政部 人力资源社会保障部 文化和旅游部 国家卫生健康委 税务总局 市场监管总局 国家国防科工局 中国民航局 国家邮政局
协作开展普查的部门：做好数据共享或相关业务支持。	科技部 自然资源部 住房和城乡建设部 交通运输部 商务部 工业和信息化部 国务院国资委 广电总局 体育总局 国家烟草局

地方分级负责。地方各级人民政府设立普查领导小组及其办公室，按照国务院经济普查领导小组及其办公室的统一规定和要求，具体

组织实施本地区的普查实施工作。普查领导小组组长由政府主要领导或者主管领导担任，成员由相关职能部门的负责人组成。普查中充分发挥乡镇人民政府、街道办事处、村民委员会和居民委员会的作用，广泛动员和组织社会力量积极参与、认真配合做好普查工作。

各方共同参与。国家机关、社会团体、企事业单位、其他组织和个体经营户应当按照《中华人民共和国统计法》和《全国经济普查条例》的规定，积极参与并密切配合经济普查工作。

二、普查经费保障

（一）普查经费保障指导性文件

《全国经济普查条例》规定，经济普查所需经费，由中央和地方各级人民政府共同负担，并列入相应年度的财政预算，按时拨付、确保到位。《统计部门周期性普查和大型调查经费开支规定》规范了周期性普查经费的支出范围、划分渠道、使用与管理。

普查组织实施过程中，国家统计局、国务院经济普查办公室根据经费保障落实情况，针对性印发相关文件，督促指导各级普查机构做好经济普查经费保障。第五次全国经济普查期间，相继印发了《关于做好第五次全国经济普查经费预算编制相关工作的通知》《关于做好第五次全国经济普查经费保障工作的通知》《关于进一步加强第五次全国经济普查经费保障与管理工作的通知》等文件，对各地争取普查经费支持、强化经费支出管理等工作提出有关要求和指导性意见。

（二）普查经费保障要求

1. 科学编制普查预算，准确核定、及时落实普查经费

地方各级统计部门应本着厉行节约、精打细算、专款专用、提高资金使用效率的原则，科学合理、实事求是编制普查经费预算，严格控制普查经费开支标准和支出范围，提高预算编制的科学性和准确性。地方各级财政部门应严格按照《统计部门周期性普查和大型调查经费开支规定》，本着实事求是、强化保障、讲求效益的原则，合理安排地方负

担的普查经费预算，及时拨付资金。省级财政部门应合理制定普查主要支出项目分级负担的比例，对财政困难地区给予适当补助。

2.保障落实普查指导员和普查员的劳动报酬和费用补助经费

从相关部门、乡镇（街道）、社区、村（居）委会等单位商调兼职承担普查任务的普查指导员和普查员，由原单位支付工资，福利待遇不变，并保留原有工作岗位。实地调查期间发放经济普查费用补助，具体发放标准由县级及县级以上财政部门会同人力资源社会保障部门和统计部门根据实际情况确定。经费由地方各级财政部门负担，从经济普查专项经费中列支，对县级财政特别困难的地区，省级财政可以给予适当补助。从社会招聘的普查指导员和普查员，按照当地实际工资水平和经济普查工作任务核算劳动报酬，经费由地方各级财政负担，在经济普查经费中予以安排，并统一由聘用单位支付。

各地应积极采取有力措施，强化普查指导员和普查员权益保障，严格按照普查工作进度或完成情况，及时足额发放普查指导员和普查员补助和劳动报酬，不得拖欠、不得挪用。

3.合理配置普查设备

各级普查机构根据普查工作需求，科学测算普查所需信息化设备的种类和数量，尽量利用原有设备资源，对于需要新购置设备，要严格按照有关规定，实行政府采购和国库集中支付，最大限度地节约经费支出，降低普查成本，务求实效。

4.加强普查经费预算执行和资金使用监管

切实加强普查经费预算执行和资金使用监管，严格按照规定范围和用途支出普查经费，杜绝截留、挤占、冒领、套取普查经费，更不得利用普查经费违规公务接待、违规公款吃喝、违规设立“小金库”，确保普查经费专款专用，廉洁高效开展普查。深入贯彻党政机关过紧日子要求，在普查物资准备上精打细算，充分利用现有资源，避免重复购置造成浪费。全面推进预算绩效管理，跟踪强化绩效监控，切实提高预算资金使用效益。

三、普查风险防控

经济普查是一项系统工程，涉及面广、协调难度大、工作流程多、质量要求高，需要强化风险意识和底线思维，全方位、多手段做好风险防控，确保按时保质完成普查工作。国务院经济普查办公室制定印发《第五次全国经济普查预防风险工作预案》，明确了普查风险种类，规范应对处置相关工作要求。

（一）经济普查风险的主要种类

统计造假弄虚作假风险。主要表现为统计调查对象未如实提供统计数据或未按普查方案规定的统计口径上报统计数据，造成统计数据失实，以及普查机构虚报不实单位、有关方面人为干扰数据报送等行为。

方案执行风险。主要表现为部分地区或部门执行国家经济普查方案不统一、不规范、不完整，影响普查结果的完整性、准确性，数据质量难以保证。

数据安全风险。主要表现为由于人为原因、软硬件缺陷或故障、自然灾害等，对网络和信息系统或者其中的数据造成危害，造成数据处理无法正常开展，或已经采集、上报、审核、汇总的数据全部或部分丢失，影响工作按期完成。

实地调查风险。主要表现为因公共卫生、自然灾害、社会安全事件等，普查员无法按期上门采集、核实数据，影响普查数据采集工作按期完成。

舆论导向风险。主要表现为出现不利于普查工作顺利实施的社会舆论。

信息保密风险。主要表现为因管理不善等因素，造成涉及国家秘密或普查对象商业秘密、个人信息的个体或汇总资料丢失、泄露。

（二）经济普查主要风险的预防和应对

国务院经济普查办公室统一领导、组织协调全国经济普查风险防控工作，制定经济普查预防风险工作预案，建立联络员制度和报告制度，明确风险防控职责分工，细化普查风险防控工作措施和要求，有效防范和应对各类普查风险。

地方各级经济普查机构负责组织实施本地区的风险防控工作，相应建立风险防控工作机制，压实工作责任，规范风险应对处置工作流程，提前预防、积极应对、妥善处置，确保经济普查安全稳妥、有序推进。

经济普查各环节主要风险的预防和应对措施，包括严格执行普查方案、确保数据采集进度和质量，扎实开展数据检查、审核与验收，确保网络和数据处理安全可靠，规范普查数据发布，确保普查数据资料管理安全，强化普查舆情监测应对，依法查处违纪违法行为，严格执行保密规定等。

第六节　经济普查的数据质量控制

数据质量是统计工作的生命线，是衡量经济普查工作成效的根本标准。经济普查是一项系统工程，数据质量受到来自多方面因素的挑战与影响。第五次全国经济普查始终坚持数据质量第一原则，建立健全工作机制，完善数据质量控制管理办法，牢牢把握顶层设计、组织实施、规范执行、数据审核检查与验收、事后质量抽查等工作重点，把数据质量要求落实到普查工作各方面、全过程。

一、制定实施普查全面质量管理办法

根据开展全国经济普查的整体要求，为规范各级普查机构开展普查工作行为，确保全国经济普查数据质量，第五次全国经济普查依据《中华人民共和国统计法》《中华人民共和国统计法实施条例》《全国经济普查条例》《国务院关于开展第五次全国经济普查的通知》《国家统计质量保证框架(2021)》和《统计业务流程规范(2021)》等相关法律和规定，制定普查全面质量管理办法。办法规定，由国务院经济普查办公室

统一领导、统筹安排普查全面质量管理有关工作，地方各级经济普查办公室设立普查质量管理小组，负责本地区全面质量管理工作的具体组织和实施。地方普查机构的普查质量管理小组，要针对主要工作环节建立相应的质量管理工作机制，制定工作制度，落实各阶段工作要求，确保实现统计质量管理目标。

普查全面质量管理办法贯穿于普查工作全过程，涉及经济普查的各个工作流程和业务环节，包括：普查需求确定，方案设计，方案审批，任务部署，普查区划分与绘图，普查指导员和普查员选聘及管理，单位清查底册编制，单位清查，登记准备，普查登记，普查数据检查、审核和验收，普查数据质量抽查，普查数据汇总、评估与发布，普查资料开发，普查总结，普查表彰和处罚等各个流程。普查全面质量管理办法是对普查各环节工作和普查数据生产全过程进行考量和评价的依据。

二、提高顶层设计的科学性与可行性

普查方案是普查工作的核心和根本遵循，方案设计是否科学适用，直接关系普查数据质量。普查方案设计之前，一般统计部门会在历次普查工作基础上，结合统计改革重点任务和实践要求，研究提出经济普查的总体思路框架。

（一）科学确定普查需求

根据全国经济普查总体思路框架的有关要求，充分了解宏观决策、行业管理、相关部门的核心需求，分析评估和科学论证需求合理性，在充分研究讨论的基础上，优先满足最重要的统计需求，确保普查内容符合实际需要。依据普查需求的重要程度、普查的难易程度、现有统计的满足程度以及财力等资源保障条件，统筹考虑和评估，认真研究普查需求满足程度，及时向有普查需求的相关部门反馈处理意见。根据研究后的普查需求，编制提出普查内容。第五次全国经济普查在总结历次普查实践基础上，统筹经济普查和投入产出调查，制定第五次全国经济普查总体框架思路，明确普查目的、普查内容、普查方式和实施路径等，为科学制定普查方案奠定了基础。

（二）优化普查方案设计

国务院经济普查办公室统一设计全国经济普查方案，普查范围、普查方法、业务流程、分类标准等做到内容清晰、定义准确、范围全面；指标名称、口径、范围、计算方法、解释说明以及其相关的目录、分组、编码规范统一，符合统计指标体系、统计分类和元数据标准；普查表结构清晰，指标简约、易取得、可核查，填报说明明确，通俗易懂，以便普查员掌握和使用。单独实施普查的部门和军队系统根据全国经济普查方案研究制定本部门（系统）普查实施办法。

对普查方案开展系统性设计，坚持科学性和可操作性相结合的原则。普查内容紧扣普查目的，实施方式充分考虑软件实现的可行性。方案设计经过充分论证、科学评估、深入调研，确保普查方案切实可行。个体经营户抽样方法统筹样本代表性和实施负担，设计合理的指标精度和分层方法，以满足总量推算和数据分析使用需要为标准，科学测算样本量。数据采集和数据处理业务软件开发与方案设计同步进行。软件功能设置充分保障普查业务开展，确保普查方案顺利实施。数据处理程序编制人员与业务人员充分沟通，紧密协作，合理定制数据采集处理和审核查询规则。数据处理系统标准规范，各类数据处理系统顺畅衔接，数据处理过程合理监控，为普查工作顺利开展提供强有力的信息化支撑。

普查方案在专项试点和综合试点的基础上，广泛听取各级普查机构、有关部门、普查对象和基层普查人员的意见，听取有关专家的咨询意见，进行充分论证和评估，为保证普查工作科学组织实施提供制度保障。比如第五次全国经济普查方案研制过程中，国务院经济普查办公室通过方案研讨会、部门座谈会、试点总结会、征求意见、实地调研等形式，充分听取社会各方对普查的需求，并积极借助相关部门、地方统计机构、专家学者等力量，征求对普查方案的意见建议，着力提升方案设计的科学性。同时，坚持协作共享，深化部门参与和沟通协调，特别是金融、铁路等独立实施普查部门，开展了多层次、多形式、多轮次的研讨交流，保证普查方案设计的科学性。

根据《中华人民共和国统计法》及其实施条例规定，普查方案报国务院经济普查领导小组审议通过后印发执行。省级普查机构对《全国经济普查方案》进行调整补充的，报国家统计局和国务院经济普查办公室审批。单独实施普查部门和军队系统制定的本部门（系统）普查实施办法，由国家统计局和国务院经济普查办公室审批或备案，确保普查对象的完整准确。

三、严格规范执行普查方案

（一）有序推进实施普查各阶段工作任务

普查方案对普查各个阶段的工作提出了具体要求，明确了相关部门、各级普查机构的职责分工。在方案基础上，各级普查机构制定普查阶段性工作安排及责任清单，建立健全普查工作机制，通过会议部署、调研指导、调度通报、座谈研究等方式压实各方普查责任，及时协调推动解决普查中的各类问题，推进按时保质完成普查工作任务。第五次全国经济普查开展过程中，国务院经济普查办公室秉持“谋划从早、推动从紧、落实从严”原则，建立健全工作机制，推动组建普查机构，通过召开会议或下发文件，统一布置普查任务，抓好统筹协调，强化督促指导力度，有序组织实施普查工作。各级普查机构因地制宜建立优化工作机制，细化实化责任落实，确保按时完成既定工作任务。

（二）强化普查人员培训和业务指导

普查指导员和普查员是开展普查工作的主要力量，是数据采集、审核的第一道关口，普查人员在充分理解普查方案和具体要求的基础上，严格遵守普查流程规范开展普查工作，是确保普查源头数据质量的重要基础。普查工作开始前，各级普查机构都应按照方案要求组织开展有针对性的培训与考试，确保普查人员能够胜任普查工作要求。

第五次全国经济普查中，国务院经济普查办公室统一编制经济普查培训教材，对省级普查机构工作人员进行全面细致的业务培训。培训内容涵盖普查方案的细化说明、依法普查、普查宣传、普查登记工作细则、部门普查任务及分工、个体经营户抽样调查方案、普查数据处理方案、普查全面质量管理办法、普查统计分类标准、单位基本情况、财务状况、人员工资情况、信息化和电子商务应用情况等制度内容。普查实施过程中，国务院经济普查办公室综合利用线上线下多种方式，做好问题解答与工作指导，确保普查方案及有关工作要求直达普查指导员和普查员。

全国各级普查机构共选聘了210余万普查指导员和普查员，根据工作需要，各地分级编制培训手册或业务操作手册，结合地方工作特点创新培训方式手段，分阶段有重点地开展业务培训，多种途径开展业务指导，着力提高基层普查工作质效。

四、多种手段加强数据检查、审核与验收

根据普查方案，各级普查机构统筹组织本级普查数据检查、审核和验收工作，指定专人负责数据检查工作。负责数据检查工作的人员应严格按照规范流程进行操作，认真比对普查单位相关证照和资料，全面核实普查数据。省、地市、县级普查机构严格按照要求抽取一定比例普查小区进行普查数据质量检查并记录备案。对没有达到《普查登记工作细则》数据检查合格标准的普查小区，全面复查其所属乡（镇、街道）区域内所有单位数据。第五次全国经济普查进一步拓展了数据检查与审核的手段和方式，利用随报随审与集中审核相结合、普遍审核和重点核实相结合、微观数据审核和汇总数据审核相结合、审核数据与审核说明相结合、审核查询与实地核查相结合等方式，强化数据生产全流程审核检查，确保普查数据的真实性和准确性。

普查方案规定，各级普查机构组织开展验收工作。相关专业按照职责分工，验收下一级普查机构的基层普查数据。各级普查机构应详细记录数据处理各环节的工作过程，包括时间、地点、处理内容、变更过

程、特别事项、签名等，并对遇到的问题、处理方法等进行说明。充分利用数据处理平台的数据修改痕迹查询、日志查询检索等功能，对各种时间、报表、指标等的处理过程进行实时监测。

五、统一开展事后质量抽查

事后质量抽查是在普查登记结束后实施的独立调查，是经济普查的重要组成部分，是我国历次大型普查的通用有效做法，对科学评估经济普查数据质量，检验各地普查工作是否规范，是否严格执行普查方案起到重要参考作用。

事后质量抽查由国务院经济普查办公室统一组织，相关部门、国家统计局各相关单位和地方普查机构共同参与，同时主动接受社会公众监督。参加抽查工作的人员严格按照经济普查事后质量抽查方案规定，遵守纪律要求，采取现场检查和电话抽查等方式，对普查单位和普查数据的真实性、准确性进行检查。第五次全国经济普查登记工作结束后，国务院经济普查办公室精心研究制定事后质量抽查方案，组建31个抽查组，分赴全国各地开展实地抽查工作。面向社会公开招募31名社会义务监督员，全程监督各抽查组工作，保障抽查工作在“阳光”下进行。根据实地抽查数据，汇总测算第五次全国经济普查的综合差错率，为科学评估数据质量，合理使用普查数据提供参考。

第七节　坚持依法普查

依法普查是开展全国经济普查的基本要求。各级党委、政府，普查机构和普查人员应严格遵守《中华人民共和国统计法》《中华人民共和国统计法实施条例》和《全国经济普查条例》等统计法律法规，坚决贯彻执行国家关于经济普查的各项政令，严格执行普查方案和普查行为规范。广大普查对象要认真履行法定义务，依法独立真实提供普查资料，自觉抵制对独立真实上报普查数据的干扰。对于顶风违纪违法、在普查数据上造假作假的单位和个人，依法依纪予以严肃查处。

一、《全国经济普查条例》的制定与实施

经济普查是一次广泛的社会总动员，通过组织动员大规模普查员入户调查，对覆盖第二、三产业活动的全部法人单位、产业活动单位和个体经营户等对象进行登记，获得各类单位基本情况的统计数据，其涉及范围广、参与部门多、技术要求高、工作难度大。为科学、有效地组织实施全国经济普查，促进解决经费落实、人员选调、入户登记、部门协调等问题，保障经济普查数据的准确性和及时性，国务院根据《中华人民共和国统计法》，于 2004 年制定并颁布了第一部可供遵循的普查条例，即《全国经济普查条例》（以下简称原条例），对经济普查目的、对象、范围、组织实施、工作任务和应当遵循的原则等作出明确规定，并提出依法普查的法治观念，为第一、二、三次全国经济普查的顺利实施提供了坚实的法治保障。

随着经济社会的不断发展，经济普查工作面临的形势和要求发生变化，原条例中有关经济普查的行业范围、普查方法、普查机构工作职责和工作流程的一些规定已不能完全适应实际情况，且个别条款与 2009 年和 2017 年分别修制订的《中华人民共和国统计法》和《中华人民共和国统计法实施条例》未形成有效衔接。因此，国务院决定于 2018 年对原条例进行修改，以“总体稳定、突出重点”为原则，规范了经济普查行业范围，完善了经济普查方法，明确了行政记录的应用，进一步强调经济普查机构及其工作人员对普查信息的保密义务，加大普查违纪违法行为查处力度，建立健全普查数据质量追溯和问责机制，全面实施严重统计失信企业公示和联合惩戒制度，修订形成现行的《全国经济普查条例》[①]（以下简称《条例》）。此次修订明确了普查工作各方在防范和惩治统计造假、弄虚作假中的责任，把确保统计数据真实准确贯穿到整

① 参考附录 6，《全国经济普查条例》。

个法律规范中，是贯彻落实党中央关于统计工作重大决策部署、提高统计数据真实性的有效途径，也是推动依法普查、依法治统、提升统计能力的重大实践。

二、全国经济普查对象的权利和义务

(一)全国经济普查对象的权利

经济普查对象在接受普查机构和普查人员调查时，有权要求对方出示工作证件；未出示的，经济普查对象有权拒绝调查。经济普查对象对普查工作享有监督权，有权揭发、检举普查中弄虚作假等违法行为，有权要求普查机构和普查人员对其提供的商业秘密资料和个人信息进行保密。

(二)全国经济普查对象的义务

接受经济普查机构和经济普查人员依法进行的调查，如实、按时填报经济普查资料，是每个经济普查对象应尽的责任和义务。《条例》对国家机关、社会团体、企业事业单位、其他组织和个体经营户依法参与、配合经济普查工作作出明确规定，对其义务进行明确阐述，主要包含以下四层含义：一是不能不报，即任何经济普查对象都不能拒绝填报经济普查数据；二是要按时上报，即必须严格按照报送时间的要求，在规定的期限内报送经济普查表，不得迟报；三是填报的资料必须真实、可靠，不能虚报、瞒报，不能伪造、篡改；四是填报的资料应当完整，不能漏报。经济普查对象如不能履行上述义务，将要承担相应的法律责任。

三、全国经济普查机构及普查指导员、普查员的职责职权

(一)全国经济普查机构的职责职权

1. 全国经济普查机构的职责

全国经济普查机构在党中央、国务院的统一领导下开展经济普查工作。

国务院经济普查机构的职责。国务院经济普查领导小组负责全国

经济普查的组织和实施,协调解决普查中的重大问题。国务院经济普查办公室负责承担领导小组的日常工作,研究提出需领导小组决策的建议方案,督促落实领导小组议定事项,加强与有关地区和部门的沟通协调,承办领导小组交办的其他事项。具体要做好普查的宣传动员、方案设计、培训和部署、单位清查、普查登记、数据处理、质量控制、执法检查、数据发布、资料开发、普查总结和日常组织协调等工作。《条例》还特别明确,国务院经济普查办公室负责提供各地方使用的数据处理标准和程序;负责统一组织全国经济普查数据的质量抽查工作。

地方各级经济普查机构的职责。地方各级经济普查机构应按照国务院经济普查机构统一规定和要求,依法依规具体组织实施当地的经济普查工作:做好本地区的普查组织领导,落实机构、人员、经费和物资等保障;建立有效的部门工作协调机制,明确责任分工,推动各相关部门参与普查工作;统筹做好普查工作安排,建立健全普查责任制,及时督促指导并解决普查实施中的有关问题;严格执行国家普查方案,因地制宜制定科学可行的本地区普查实施方案,并报请国务院经济普查办公室审定,制定普查业务流程规范;做好普查指导员和普查员选聘和培训工作,按规定及时足额支付聘用普查人员的劳动报酬和商调普查人员的费用补助;按国家统一要求和标准进行数据处理,并及时上报经济普查数据;建立经济普查数据质量控制岗位责任制,对经济普查实施中的每个环节实行质量控制和检查验收,组织开展本地区事后质量抽查工作;做好经济普查资料的保存、管理和对社会公众提供服务等工作,并对经济普查资料进行开发和应用;完成国务院经济普查机构交办的其他事项。

《条例》规定,各级经济普查机构应当设立举报电话,接受社会各界对经济普查中单位和个人违法行为的检举和监督,并对举报有功人员给予奖励。各级普查机构应及时受理普查违法举报线索,依法依规开展普查执法检查工作,对普查中的违法违纪行为进行处理。

2.全国经济普查机构的职权

《条例》规定，各级经济普查机构和经济普查人员依法独立行使调查、报告、监督的职权，任何单位和个人不得干涉。其中，调查权是指普查机构、普查人员有权调查、搜集经济普查资料，召开有关调查会议，检查普查对象与经济普查有关的各种原始凭证和记录；报告权是指普查机构、普查人员有权将经济普查资料和情况加以整理、分析，向党委政府、有关部门以及社会各界报告；监督权是指普查机构、普查人员有权对经济普查资料的准确性进行检查，并要求其改正经济普查表中不确实的内容，有权根据调查和分析结果，对经济和社会发展情况进行监督，检查经济普查中的各类违法行为。

为保障普查工作的独立性，确保普查工作机构和人员的职权不受侵犯，《条例》规定各地方、各部门、各单位领导人员不得自行修改经济普查资料、编造虚假数据，不得强令或者授意经济普查机构、经济普查人员篡改经济普查资料或者编造虚假数据。如有违反有关规定，将要承担相应的法律责任。各级经济普查机构拥有对下级普查机构进行工作指导、督促检查、质量核查等职权，对下级普查机构在工作中的不当做法、违规行为等有权进行调查处理和通报批评，并责令其整改。

（二）普查指导员、普查员的职责职权

1.普查指导员和普查员的选聘及培训

普查指导员和普查员的选聘。《条例》规定，地方普查机构根据工作需要，可聘用或者从有关单位商调符合条件的人员，担任普查指导员和普查员，确保普查工作顺利进行。其中，聘用是指地方各级经济普查机构向社会公开招聘普查指导员和普查员；商调是指从国家机关、企业事业单位中协商调用普查指导员和普查员。为稳定经济普查工作队伍，保障普查人员的权益，促进普查工作顺利进行，地方经济普查机构应当根据当地的有关规定，向聘用人员支付相应的劳动报酬；商调人员的工资及福利待遇均由原单位支付，并保证其在职务晋升、工资晋级、评选先进等方面与原单位的其他工作人员一视同仁。为调动各级经济普查机构和广大普查人员的工作积极性，《条例》规定，对经济普查工作中贡献突出的集体和个人应当给予表彰和奖励。

普查指导员和普查员的培训。对普查指导员和普查员进行业务培训,是普查工作的重要环节。为顺利推进普查实施,获取真实准确的普查数据,《条例》要求“地方各级经济普查机构应当统一对普查指导员和普查员进行业务培训,并经考核合格后颁发普查指导员证或者普查员证”。各级经济普查机构要通过层层培训,使每个普查工作人员都能准确理解经济普查的各种统计分类标准和指标含义,熟练运用调查访问技巧和方法,并掌握数据处理和质量控制的基本要求。历次经济普查工作中,国务院经济普查办公室都要求地方各级经济普查机构对普查指导员和普查员进行业务培训,并为培训考试合格且签订保密承诺书的人员编码制发《普查指导员证》或《普查员证》。

2.普查指导员和普查员的职责职权

普查指导员和普查员的职责。《条例》规定,普查员负责组织指导经济普查对象填报经济普查表,普查指导员负责指导、检查普查员的工作。普查指导员和普查员在执行经济普查任务时,应主动出示其证件,表明身份,避免出现冒用普查员名义、骗取被调查者信任、谋取不正当利益等现象,有效维护普查对象的合法权益,增强普查对象的信任度和安全感,更好取得普查对象的配合与支持。普查指导员和普查员对在经济普查中所知悉的国家秘密和经济普查对象的商业秘密、个人信息,应当依法履行保密义务。在《条例》基础上,《第五次全国经济普查方案》根据工作实际对普查指导员和普查员的职责进行了细化明确。普查指导员的主要职责是组织、指导、检查普查员的工作,保证按时高质量完成各项工作任务;普查员的主要职责是通过学习培训掌握普查工作技能,向普查对象解释制度规定,依法采集普查数据,核实数据问题,要求普查对象据实纠正数据,确保源头数据质量。

普查指导员和普查员的职权。普查指导员和普查员在执行经济普查工作任务时,拥有《条例》赋予的履行其岗位职责、完成工作任务的相应权力。普查指导员和普查员作为经济普查人员,可依法独立行使调查、报告、监督的职权，任何单位和个人不得干涉。《条例》明确规定，普查指导员和普查员有权查阅法人单位、产业活动单位和个体经营户与经济普查有关的财务会计、统计和业务核算等各种原始资料及有关经营证件，有权要求经济普查对象改正其经济普查表中不确实的内容。如果普查对象拒绝或者妨碍普查指导员和普查员行使职权，应追究其相应的法律责任。与此同时，普查指导员和普查员有权揭发、检举普查工作中的违法行为；有权接受经济普查机构组织的普查工作培训。

四、全国经济普查数据的公布与开发应用

通过经济普查获得的各类单位基本情况、生产经营等海量统计数据，是十分宝贵的公共资源，是正确认识国情、准确把握国力、科学制定国策的基本依据，是经营主体正确判断行业发展和市场走向、适时作出决策、赢得市场先机和竞争优势的先决条件，也是公众全面了解社会经济发展状况，自主做出消费、投资和就业等选择的重要因素。

我国十分重视经济普查数据资料开发应用，历次普查紧紧围绕国家中心工作，积极开展数据发布、资料出版、专题分析、课题研究、数据共享等工作，有计划、有组织地对普查信息进行多层次、全方位的深度挖掘和分析，助力研判经济运行态势，评估宏观政策实施成效，揭示经济发展面临的主要矛盾和问题，为有效应对和破解经济社会发展挑战和困难提供有针对性的对策建议。同时，充分考虑社会各界对普查数据的使用需求，在依法保护普查对象个体资料，依法保守企业商业秘密和个人隐私，切实维护普查对象合法权益前提下，按照“能发布尽发布”原则，不断拓展公开范围，创新公开方式，提高公开效能，将普查成果及时向社会公众公布，引导公众正确了解社会经济发展情况、积极参与经济社会事务、为经济社会发展建言献策。

《条例》从发布经济普查公报、经济普查资料保存、管理和开发应用等方面，对数据公布、资料管理和开发应用作出明确规定。各级经济普查机构都应发布经济普查公报，县级以上各级经济普查机构发布经济

普查公报应当经上一级经济普查机构核准，切实强化经济普查数据的集中统一管理，有效维护经济普查公报的权威性。各级经济普查机构应认真做好普查资料保存、管理和对外提供服务，推进普查成果部门间共享，多手段满足社会公众多元化需求，更好发挥普查数据社会效益；要积极组织相关部门、高等院校、科研机构以及社会其他各方面力量，推进普查数据的“深加工”，最大限度地做好经济普查资料的开发和利用。

五、全国经济普查中的统计违法行为

（一）领导人员违法行为

领导干部在经济普查中的违法行为分为两种，一是地方、部门、单位的领导人自行修改经济普查资料、编造虚假数据；二是强令、授意经济普查机构、经济普查人员篡改经济普查资料或者编造虚假数据。所谓自行修改经济普查资料，是指没有按照规定的权限、程序和要求，擅自修改经济普查资料的行为；编造虚假数据，是指没有事实根据，凭主观臆断捏造不真实的统计数据的行为。

（二）普查人员违法行为

经济普查人员参与篡改经济普查资料、编造虚假数据，同样属于统计违法行为。

（三）普查对象违法行为

经济普查对象的统计违法行为有三类。一是拒绝或者妨碍接受经济普查机构、经济普查人员依法进行的调查的；二是提供虚假或者不完整的经济普查资料的；三是未按时提供与经济普查有关的资料，经催报后仍未提供的。

六、全国经济普查违法行为的法律责任

（一）领导人员法律责任

对存在统计违法行为的领导人员，依法给予处分，并由县级以上人

民政府统计机构予以通报。党纪处分分为警告、严重警告、撤销党内职务、留党察看、开除党籍五种；政务处分分为警告、记过、记大过、降级、撤职、开除六种。具体应当给予何种处分，由处分决定机关根据违法行为的性质、情节及危害程度决定。

(二)普查人员法律责任

对存在统计违法行为的普查人员，由县级以上人民政府统计机构责令改正，依法给予处分，或者建议有关部门、单位依法给予处分。

(三)普查对象法律责任

对存在统计违法行为的普查对象，由县级以上人民政府统计机构责令改正，给予警告，可以予以通报；其直接负责的主管人员或其他直接责任人员属于国家工作人员的，依法给予处分。企业事业单位、其他组织、个体经营户存在统计违法行为的，按照《中华人民共和国统计法》有关规定，视情况严重程度予以处罚。

各级党委、政府，普查机构和普查人员要严格遵守《中华人民共和国统计法》《中华人民共和国统计法实施条例》和《条例》等统计法律法规，坚决贯彻执行国家关于经济普查的各项政令，严格执行普查方案和普查行为规范。广大普查对象要认真履行法定义务，依法独立真实提供普查资料，自觉抵制对独立真实上报普查数据的干扰。对于顶风违纪违法、在普查数据上造假作假的行为和个人，将依纪依法予以严肃查处。

【案例】

关于云南省红河州泸西县和建水县经济普查违法案件的通报

2019年5月28日

来源：国家统计局门户网站(www.stats.gov.cn)

根据群众举报，国务院第四次全国经济普查领导小组办公室和国家统计局近期对云南省红河哈尼族彝族自治州(以下统称红河州)泸西县和建水县第四次全国经济普查违法举报线索进行了立案调查。现将有关情况通报如下。

立案调查发现，泸西县和建水县规模以上工业、固定资产投资普查数据严重失实；泸西县和建水县经普办通过召开工作培训会议等方式，指使、授意企业按照指定的数据填报四经普报表。泸西县工业商务和信息化局要求企业按照给定的增速或数据填报，教育体育局编造并代填代报四经普固定资产投资项目数据，农业农村和科学技术局、有关乡镇要求普查对象按照任务数上报。建水县工业商务和信息化局以“调研”名义干预规模以上工业企业普查数据，有关乡镇伪造投资项目入库材料和合同、打捆并代填代报企业统计数据。建水县委和县政府主要负责人提供虚假情况，严重阻碍统计执法监督检查，有关部门毁弃相关证明和资料，造成严重后果。

开展第四次全国经济普查，对于深入贯彻落实习近平新时代中国特色社会主义思想和党的十九大精神，全面摸清我国经济社会发展状况，准确把握新时代经济社会发展特征，科学指导和推动高质量发展，具有重要而深远的意义。普查数据真实准确是普查工作的灵魂，也是经济普查最核心要求，是评判普查是否成功的最根本标准。红河州泸西县和建水县经济普查违法案件中出现的有关方面非法干预普查对象独立真实上报普查资料、未严格执行全国经济普查方案规定要求和严重阻碍统计执法监督检查等普查违法行为，严重影响普查数据真实准确，严重违反统计法律法规，触碰党的纪律底线，性质严重，影响恶劣。

各地要从红河州泸西县和建水县经济普查违法案件中认真吸取教训，引以为戒，认真落实本地区、本部门在防范和惩治统计造假、弄虚作假中的责任，严格遵守统计法及其实施条例、全国经济普查条例等统计法律法规，严格执行全国经济普查方案，严肃普查纪律，严守纪律底线红线，确保普查数据真实可靠。各地区、有关部门和单位负责人要严格遵守统计法律法规，统计机构、统计人员和普查机构、普查人员要做依法依规普查的表率，广大普查对象要认真履行法定义务，依法独立真实提供普查资料，自觉抵制对独立真实上报普查数据的干扰。

对于红河州发生的经济普查违法案件，国家统计局将按规定和程序移送云南省委省政府依纪依法依规予以处理。对于统计造假、弄虚作假，国家统计局始终坚持无禁区、零容忍、全覆盖，始终坚持重遏制、强高压、长震慑，将进一步加大对第四次全国经济普查造假、弄虚作假案件的执法监督检查力度，依法依纪依规严肃追究普查违纪违法责任人责任，坚定不移防范和惩治统计造假、弄虚作假。欢迎广大普查对象和社会公众向国家统计局和地方各级统计机构、普查机构举报第四次全国经济普查造假作假线索。

附录 1

统计调查单位临时代码编码规则

文号:国统办普查字〔2024〕28 号

印发时间:2024 年 7 月 2 日

为科学有效开展统计调查,规范管理各类统计调查单位,制定本办法。

一、赋码对象

普查、常规统计调查、专项统计调查中,未领取统一社会信用代码的法人单位、产业活动单位、个体经营户以及参照统计单位管理的其他统计调查对象。

二、代码构成

临时代码由 18 位阿拉伯数字或大写英文字母构成。

序号	1	2	3	4	5	6	7	8	9	10	11	12	13	14	15	16	17	18
代码	X	X	X	X	X	X	X	X	X	X	X	X	X	X	X	X	X	X
说明	类型属性代码 2 位		统计用区划代码 6 位						临时代码标识码 9 位									校验码 1 位

三、编码说明

(一)第 1—2 位:类型属性代码。

用阿拉伯数字或大写英文字母表示。

1. 法人单位、产业活动单位和个体经营户。参照《法人和其他组织统一社会信用代码编码规则》(GB32100—2015)及其修改单中对统一社会信用代码第 1—2 位的编码规则编制。

2. 参照统计单位管理的其他统计调查对象。

代码第 1 位	责任单位	代码第 2 位	单位类别
B	工业司	9	其他
P	能源司	9	其他
T	投资司	Z	为填报投资项目有关报表而设置的虚拟单位
		9	其他
E	贸经司	1	商品交易市场
		2	城市商业综合体
		3	网上交易平台
		9	其他
R	人口司	9	其他
L	社科文司	9	其他
M	农村司	1	畜禽养殖户
		9	其他
C	城市司	9	其他
Z	住户司	9	其他
F	调查中心	1	电子商务交易平台
		9	其他
J	普查中心	9	其他
X	其他单位	9	其他

各专业根据统计调查单位类别,可对第 2 位代码进行拓展。

(二)第 3—8 位:统计调查单位所在地区,使用民政部发布的县以上行政区划代码。

用阿拉伯数字表示。

(三)第 9—17 位:临时代码标识码。

1.为填报投资项目有关报表而设置的虚拟单位。第 9 位用大写英文字母 F 表示;第 10—15 位,投资项目所在地区,使用民政部发布的县以上行政区划代码;第 16—17 位,用阿拉伯数字或大写英文字母表示,按顺序编制,由系统自动生成。

2.其他对象。第 9—10 位用大写英文字母 LS 表示,第 11—17 位用阿拉伯数字表示,在 0000001 — 9999999 中按顺序编制,由系统自动生成。

(四)第 18 位:校验码。

用阿拉伯数字或大写英文字母表示,计算方法参照 GB 32100—2015,其中字母“S”参照字母“A”计算。

四、管理要求

（一）统一管理。名录库主管机构统一组织开展赋码工作，使用临时代码的统计调查对象应纳入名录库管理，已领取了统一社会信用代码的统计调查对象不得使用临时代码。

（二）分专业编制。各专业根据统计调查对象类型，分码段对符合条件的对象赋予临时代码。

（三）信息化赋码。建立全国统一的临时代码管理程序和数据库，提高信息化水平，确保临时代码的唯一性。

附录 2

三次产业划分规定

文件名称:国家统计局关于修订《三次产业划分规定(2012)》的通知
文号:国统设管函〔2018〕74 号
印发时间:2018 年 3 月 23 日
前续版本:《三次产业划分规定》(国统字〔2012〕108 号)

根据《国民经济行业分类》(GB/T 4754—2017),我们对《三次产业划分规定(2012)》中行业类别进行了对应调整,请在有关统计活动中认真贯彻执行。

一、第二产业调整情况

"石油加工、炼焦和核燃料加工业"更名为"石油、煤炭及其他燃料加工业",并将 2011 版《国民经济行业分类》4500 中部分内容和 4120 全部内容调到此类;

"建筑装饰和其他建筑业"更名为"建筑装饰、装修和其他建筑业"。

二、第三产业调整情况

"农、林、牧、渔服务业"更名为"农、林、牧、渔专业及辅助性活动";

"开采辅助活动"更名为"开采专业及辅助性活动";

"装卸搬运和运输代理业"更名为"多式联运和运输代理业",并将 2011 版的《国民经济行业分类》5810 调出此类;

"仓储业"更名为"装卸搬运和仓储业",并将 2011 版的《国民经济行业分类》5810 调至此类;

"房地产业"内容变更,将 2011 版的《国民经济行业分类》7090 部分内容调出;

新增大类"土地管理业",将 2011 版的《国民经济行业分类》7090 部分内容调至此类;

"广播、电视、电影和影视录音制作业"更名为"广播、电视、电影和录音制作业";

"基层群众自治组织"更名为"基层群众自治组织及其他组织"。

附件：

三次产业分类

三次产业分类	《国民经济行业分类》(GB/T 4754—2017)		
	门类	大类	名称
第一产业	**A**		**农、林、牧、渔业**
		01	农业
		02	林业
		03	畜牧业
		04	渔业
第二产业	**B**		**采矿业**
		06	煤炭开采和洗选业
		07	石油和天然气开采业
		08	黑色金属矿采选业
		09	有色金属矿采选业
		10	非金属矿采选业
		12	其他采矿业
	C		**制造业**
		13	农副食品加工业
		14	食品制造业
		15	酒、饮料和精制茶制造业
		16	烟草制品业
		17	纺织业
		18	纺织服装、服饰业
		19	皮革、毛皮、羽毛及其制品和制鞋业
		20	木材加工和木、竹、藤、棕、草制品业
		21	家具制造业
		22	造纸和纸制品业
		23	印刷和记录媒介复制业
		24	文教、工美、体育和娱乐用品制造业
		25	石油、煤炭及其他燃料加工业
		26	化学原料和化学制品制造业
		27	医药制造业
		28	化学纤维制造业
		29	橡胶和塑料制品业
		30	非金属矿物制品业
		31	黑色金属冶炼和压延加工业

续表 1

三次产业分类	《国民经济行业分类》(GB/T 4754—2017)		
	门类	大类	名称
		32	有色金属冶炼和压延加工业
		33	金属制品业
		34	通用设备制造业
		35	专用设备制造业
		36	汽车制造业
		37	铁路、船舶、航空航天和其他运输设备制造业
		38	电气机械和器材制造业
		39	计算机、通信和其他电子设备制造业
		40	仪器仪表制造业
		41	其他制造业
		42	废弃资源综合利用业
	D		**电力、热力、燃气及水生产和供应业**
		44	电力、热力生产和供应业
		45	燃气生产和供应业
		46	水的生产和供应业
	E		**建筑业**
		47	房屋建筑业
		48	土木工程建筑业
		49	建筑安装业
		50	建筑装饰、装修和其他建筑业
第三产业（服务业）	A	05	农、林、牧、渔专业及辅助性活动
	B	11	开采专业及辅助性活动
	C	43	金属制品、机械和设备修理业
	F		**批发和零售业**
		51	批发业
		52	零售业
	G		**交通运输、仓储和邮政业**
		53	铁路运输业
		54	道路运输业
		55	水上运输业
		56	航空运输业
		57	管道运输业
		58	多式联运和运输代理业

续表 2

三次产业分类	《国民经济行业分类》(GB/T 4754—2017)		
	门类	大类	名称
		59	装卸搬运和仓储业
		60	邮政业
	H		**住宿和餐饮业**
		61	住宿业
		62	餐饮业
	I		**信息传输、软件和信息技术服务业**
		63	电信、广播电视和卫星传输服务
		64	互联网和相关服务
		65	软件和信息技术服务业
	J		**金融业**
		66	货币金融服务
		67	资本市场服务
		68	保险业
		69	其他金融业
	K		**房地产业**
		70	房地产业
	L		**租赁和商务服务业**
		71	租赁业
		72	商务服务业
	M		**科学研究和技术服务业**
		73	研究和试验发展
		74	专业技术服务业
		75	科技推广和应用服务业
	N		**水利、环境和公共设施管理业**
		76	水利管理业
		77	生态保护和环境治理业
		78	公共设施管理业
		79	土地管理业
	O		**居民服务、修理和其他服务业**
		80	居民服务业
		81	机动车、电子产品和日用产品修理业
		82	其他服务业

续表 3

三次产业分类	《国民经济行业分类》(GB/T 4754—2017)		
	门类	大类	名称
	P		**教育**
		83	教育
	Q		**卫生和社会工作**
		84	卫生
		85	社会工作
	R		**文化、体育和娱乐业**
		86	新闻和出版业
		87	广播、电视、电影和录音制作业
		88	文化艺术业
		89	体育
		90	娱乐业
	S		**公共管理、社会保障和社会组织**
		91	中国共产党机关
		92	国家机构
		93	人民政协、民主党派
		94	社会保障
		95	群众团体、社会团体和其他成员组织
		96	基层群众自治组织及其他组织
	T		**国际组织**
		97	国际组织

附录 3

统计用区划代码和城乡划分代码编制规则

文号：国统字〔2009〕91 号

印发时间：2009 年 8 月 25 日

为规范统计用区划代码和城乡划分代码，建立各项普查、全面统计、抽样调查、专项调查统一使用的《统计用区划代码和城乡划分代码库》，特制定本规则。

一、统计用区划代码和城乡划分代码结构

统计用区划代码和城乡划分代码分为两段 17 位，其代码结构为：

□ □ □ □ □ □ □ □ □ □ □ □— □ □ □ □ □
1 2 3 4 5 6 7 8 9 10 11 12 13 14 15 16 17

统计用区划代码 城乡划分代码

（一）统计用区划代码

统计用区划代码由 1～12 位代码构成，其各代码表示为：

第 1～2 位，为省级代码；

第 3～4 位，为地级代码；

第 5～6 位，为县级代码；

第 7～9 位，为乡级代码；

第 10～12 位，为村级代码。

（二）城乡划分代码

城乡划分代码由 13～17 位代码构成，其各代码表示为：

第 13～14 位，为城乡属性代码；

第 15～17 位，为城乡分类代码。

二、统计用区划代码编制规则

（一）县以上行政区划代码编码方法。

县以上行政区划代码由 1～6 位代码组成。在统计工作中，各级统计部门不编制县以上行政区划代码，统一采用《中华人民共和国行政区划代码》国家标准。

(二)县以下区划代码编码方法。

县以下区划代码由7～12位代码组成，包括乡级代码和村级代码两部分。

1.乡级代码编码方法

凡民政部门确认的街道、镇、乡，按照国家标准《县级以下行政区划代码编制规则》(GB/T 10114—2003)编制，其乡级代码为001～399；民政部门未确认的开发区、工矿区、农场等类似乡级单位，乡级代码为400～599。具体编码如下：

- 001～099表示街道；
- 100～199表示镇；
- 200～399表示乡；
- 400～599表示类似乡级单位。

2.村级代码编码方法

凡民政部门确认的村级单位，村级代码为001～399；民政部门未确认的园区、工矿区、农场等类似村级单位，村级代码为400～599(498、598除外)。具体编码如下：

- 001～199表示居民委员会；
- 200～399表示村民委员会；
- 400～499表示类似居民委员会(不含498代码)；
- 500～599表示类似村民委员会(不含598代码)。

3.特殊情况的编码方法

(1)虚拟村级单位

当乡级单位下未设(或未明确)村级单位时，则在该乡级单位下虚拟一个村级单位，其编码方法为：

在街道、镇以及类似乡级单位的开发区、科技园区、工业园区、工矿区、高校园区、科研机构园区等区域下，虚拟村级单位的代码为498，名称为“××虚拟社区”；

在乡以及类似乡级单位的农、林、牧、渔场和其他农业活动区域下，虚拟村级单位的代码为598，名称为“××虚拟生活区”。

(2)县直辖村级单位

县级单位直辖村级单位，其乡级代码统一编为198，在198代码下，再对所辖的村民委员会和居民委员会进行编码。

(3)乡直管村民小组

乡级单位直接管辖的村民小组，其村级代码编制为398 。

（三）统计用区划代码编制要求。

1.统计用区划代码基本长度为12位，省、地、县、乡四级代码不足12位用0补足。

2.县以下区划代码的各个码段按照由小到大的顺序编制。因区划变动调整，代码取消不再重复使用。

3.民政部门确认的乡、村两级单位，代码分别在001～399区间编制，名称统一采用民政部门确认的正式名称。

4.类似乡级单位为民政部门未确认的乡级单位，名称按实际名称填写。

5.类似居民委员会和类似村民委员会为民政部门未确认的村级单位，如果实际名称不含居委会、村委会、家委会、生产队、连队、队、管理区、牧委会、嘎查等字样，则在类似居民委员会的实际名称后添加“社区”；在类似村民委员会的实际名称后添加“生活区”。

6.统计用区划代码的区划名称采用标准汉字、汉字数字（如一、二、三等）和全角单括号进行书写，其他字母、数字、标点、字符及空格均为错误。汉字书写不得使用繁体字，简化字应按国家颁布的简化字总表的规定书写。

三、城乡划分代码编制规则

（一）城乡属性代码编码方法。

城乡属性代码由第13、14位代码组成。其中：第13位表示乡级属性，第14位表示村级属性。

1.城乡属性代码编制原则

（1）城乡属性代码在乡、村两级单位上编制。

（2）乡级单位对应的第13位按照乡级属性编码方法编制，第14位编0。

（3）村级单位对应的第13位为所属乡级单位的乡级属性代码，第14位按照村级属性编码方法编制。

2.乡级属性编码方法

乡级属性代码表示街道、镇、乡以及类似乡级单位的乡级属性。乡级属性代码用1～3数字表示：

1表示：县级政府驻地

2表示：连接的乡级区域

3表示：其他乡级区域

3.村级属性编码方法

村级属性代码表示居民委员会(社区)、村民委员会以及类似村级单位的村级属性。村级属性代码用 1～9 数字表示:

1 表示:乡级政府驻地

2 表示:完全连接的村级地域

3 表示:部分连接的村级地域

4 表示:与其他区、市完全连接的村级地域

5 表示:与其他区、市部分连接的村级地域

6 表示:与其他镇完全连接的村级地域

7 表示:与其他镇部分连接的村级地域

8 表示:特殊地域

9 表示:其他村级地域

乡级属性和村级属性的相关解释,参见《城乡划分实施办法》。

4.城乡属性代码的有关说明

(1)特殊地域

在城乡属性代码中,特殊地域仅指以下两种情况:

· 在类似居委会中,常住人口达到或超过 3000 人的开发区、工矿区、大专院校、科研单位等居民生活区域。

· 在类似村委会中,常住人口达到或超过 3000 人,且非农产业从业人员达到 70%的农、林、牧、渔场及其他以农业活动为主的区域。

当类似居委会、类似村委会不满足上述要求,也不满足代码 1～7 的编制要求时,村级属性一律编 9。

(2)农、林、牧、渔场

农、林、牧、渔场场部的村级属性代码一律编 1,与场部连接的下属生产单位,村级属性代码编 2 或 3,与场部不连接的下属生产单位,村级属性代码编 9。当常住人口达到 3000 人,非农产业从业人员达到 70%时,不连接的下属生产单位的村级属性代码编 8。

(3)只有一个村级单位的村级属性

凡乡级单位下只有一个村级单位,无论是实际存在还是虚拟的,其对应的村级属性代码一律编 1。

(4)不连接的居民委员会

当居民委员会与政府驻地不连接时，如果有农业用地，村级属性代码编 9；如果没有农业用地（或没有明确的地域），村级属性代码编 8。

（二）城乡分类代码编码方法。

1. 城乡分类代码结构

城乡分类代码由第 15～17 位代码组成。第 15 位为“1”，表示城镇；第 15 位为“2”，表示乡村。具体编码为：

111 表示：主城区

112 表示：城乡结合区

121 表示：镇中心区

122 表示：镇乡结合区

123 表示：特殊区域

210 表示：乡中心区

220 表示：村庄

2. 城乡分类代码编制原则

在划分城乡时，各地统计部门不直接编制城乡分类代码，而是通过统计用区划代码和城乡属性代码转换生成城乡分类代码。

附录 4

关于市场主体统计分类的划分规定

文号：国统字〔2023〕14 号

印发时间：2023 年 1 月 31 日

第一条　本规定以市场主体登记注册类型为基础，根据统计工作的需要，对各种市场主体进行再分类。具体划分为以下类别：

代码	市场主体统计类别	代码	市场主体统计类别
100	内资企业	200	港澳台投资企业
110	有限责任公司	210	港澳台投资有限责任公司
111	国有独资公司	220	港澳台投资股份有限公司
112	私营有限责任公司	230	港澳台投资合伙企业
119	其他有限责任公司	290	其他港澳台投资企业
120	股份有限公司	300	外商投资企业
121	私营股份有限公司	310	外商投资有限责任公司
129	其他股份有限公司	320	外商投资股份有限公司
130	非公司企业法人	330	外商投资合伙企业
131	全民所有制企业（国有企业）	390	其他外商投资企业
132	集体所有制企业（集体企业）	400	农民专业合作社（联合社）
133	股份合作企业	500	个体工商户
134	联营企业	900	其他市场主体
140	个人独资企业		
150	合伙企业		
190	其他内资企业		

第二条　内资企业分为有限责任公司、股份有限公司、非公司企业法人、个人独资企业、合伙企业和其他内资企业。

有限责任公司包括登记注册为“内资公司有限责任公司（国有独资）”、“内资公司有限责任公司（外商投资企业投资）”、“内资公司有限责任公司（自然人投资或控股）”和“内资分公司有限责任公司分公司（国有独资）”等类型的市场主体。根据相关属性，将有限责任公司进一步划分为国有独资公司、私营有限责任公司和其他有限责任公司。

股份有限公司包括登记注册为“内资公司股份有限公司(上市)”、“内资公司股份有限公司(非上市)和“内资分公司股份有限公司分公司(上市)”等类型的市场主体。根据相关属性,将股份有限公司进一步划分为私营股份有限公司和其他股份有限公司。

非公司企业法人包括登记注册为“全民所有制”、“集体所有制”、“股份合作制”和“联营”等类型的市场主体。根据相关属性,将非公司企业法人进一步划分为全民所有制企业(国有企业)、集体所有制企业(集体企业)、股份合作企业和联营企业。

个人独资企业包括登记注册为“个人独资企业”和“个人独资企业分支机构”的市场主体。

合伙企业包括登记注册为“合伙企业”和“合伙企业分支机构”的市场主体。

其他内资企业包括除上述之外,登记注册为“内资企业法人”和“内资集团”等类型的市场主体。

第三条 港澳台投资企业包括登记注册为“港、澳、台投资企业有限责任公司”、“港、澳、台投资企业股份有限公司”和“港、澳、台投资企业非公司”等类型的市场主体。根据相关属性,将港澳台投资企业进一步划分为港澳台投资有限责任公司、港澳台投资股份有限公司、港澳台投资合伙企业和其他港澳台投资企业。

第四条 外商投资企业包括登记注册为“外商投资企业有限责任公司”、“外商投资企业股份有限公司”、“外国(地区)公司分支机构”和“外资集团”等类型的市场主体。根据相关属性,将外商投资企业进一步划分为外商投资有限责任公司、外商投资股份有限公司、外商投资合伙企业和其他外商投资企业。

第五条 农民专业合作社(联合社)包括登记注册为“农民专业合作社”和“农民专业合作社分支机构”的市场主体。

第六条 个体工商户是指登记注册为“个体工商户”的市场主体。

第七条 其他市场主体包括除上述第二条至第六条之外的市场主体。

第八条 本规定由国家统计局会同国家市场监督管理总局负责解释。

第九条 本规定自发布之日起施行。其他组织机构的统计分类参照本规定划分。

第十条 国家统计局和原国家工商行政管理总局 2011 年制定的《关于划分企业登记注册类型的规定调整的通知》,以及国家统计局 1999 年制定的《个体经营分类与代码》同时废止。

附录 5

市场主体登记注册类型与统计类别对照表

文号：国统字〔2023〕14 号

印发时间：2023 年 1 月 31 日

登记注册类型及代码		统计类别及代码	
1000	内资公司		
1100	有限责任公司		
1110	有限责任公司(国有独资)	111	国有独资公司
1120	有限责任公司(外商投资企业投资)		
1121	有限责任公司(外商投资企业合资)	119	其他有限责任公司
1122	有限责任公司(外商投资企业与内资合资)	119	其他有限责任公司
1123	有限责任公司(外商投资企业法人独资)	119	其他有限责任公司
1130	有限责任公司(自然人投资或控股)	112	私营有限责任公司
1140	有限责任公司(国有控股)	119	其他有限责任公司
1150	一人有限责任公司		
1151	有限责任公司(自然人独资)	112	私营有限责任公司
1152	有限责任公司(自然人投资或控股的法人独资)	112	私营有限责任公司
1153	有限责任公司(非自然人投资或控股的法人独资)	119	其他有限责任公司
1190	其他有限责任公司	119	其他有限责任公司
1200	股份有限公司		
1210	股份有限公司(上市)		
1211	股份有限公司(上市、外商投资企业投资)	129	其他股份有限公司
1212	股份有限公司(上市、自然人投资或控股)	121	私营股份有限公司
1213	股份有限公司(上市、国有控股)	129	其他股份有限公司
1219	其他股份有限公司(上市)	129	其他股份有限公司
1220	股份有限公司(非上市)		
1221	股份有限公司(非上市、外商投资企业投资)	129	其他股份有限公司
1222	股份有限公司(非上市、自然人投资或控股)	121	私营股份有限公司
1223	股份有限公司(非上市、国有控股)	129	其他股份有限公司
1229	其他股份有限公司(非上市)	129	其他股份有限公司
2000	内资分公司		
2100	有限责任公司分公司		
2110	有限责任公司分公司(国有独资)	111	国有独资公司
2120	有限责任公司分公司(外商投资企业投资)		

续表 1

登记注册类型及代码		统计类别及代码	
2121	有限责任公司分公司(外商投资企业合资)	119	其他有限责任公司
2122	有限责任公司分公司(外商投资企业与内资合资)	119	其他有限责任公司
2123	有限责任公司分公司(外商投资企业法人独资)	119	其他有限责任公司
2130	有限责任公司分公司(自然人投资或控股)	112	私营有限责任公司
2140	有限责任公司分公司(国有控股)	119	其他有限责任公司
2150	一人有限责任公司分公司		
2151	有限责任公司分公司(自然人独资)	112	私营有限责任公司
2152	有限责任公司分公司(自然人投资或控股的法人独资)	112	私营有限责任公司
2153	有限责任公司分公司(非自然人投资或控股的法人独资)	119	其他有限责任公司
2190	其他有限责任公司分公司	119	其他有限责任公司
2200	股份有限公司分公司		
2210	股份有限公司分公司(上市)		
2211	股份有限公司分公司(上市、外商投资企业投资)	129	其他股份有限公司
2212	股份有限公司分公司(上市、自然人投资或控股)	121	私营股份有限公司
2213	股份有限公司分公司(上市、国有控股)	129	其他股份有限公司
2219	其他股份有限公司分公司(上市)	129	其他股份有限公司
2220	股份有限公司分公司(非上市)		
2221	股份有限公司分公司(非上市、外商投资企业投资)	129	其他股份有限公司
2222	股份有限公司分公司(非上市、自然人投资或控股)	121	私营股份有限公司
2223	股份有限公司分公司(国有控股)	129	其他股份有限公司
2229	其他股份有限公司分公司(非上市)	129	其他股份有限公司
3000	内资企业法人		
3100	全民所有制	131	全民所有制企业(国有企业)
3200	集体所有制	132	集体所有制企业(集体企业)
3300	股份制	190	其他内资企业
3400	股份合作制	133	股份合作企业
3500	联营	134	联营企业
4000	内资非法人企业、非公司私营企业及内资非公司企业分支机构		

续表 2

登记注册类型及代码		统计类别及代码	
4100	事业单位营业		
4110	国有事业单位营业	131	全民所有制企业(国有企业)
4120	集体事业单位营业	132	集体所有制企业(集体企业)
4200	社团法人营业		
4210	国有社团法人营业	131	全民所有制企业(国有企业)
4220	集体社团法人营业	132	集体所有制企业(集体企业)
4300	内资企业法人分支机构(非法人)		
4310	全民所有制分支机构(非法人)	131	全民所有制企业(国有企业)
4320	集体分支机构(非法人)	132	集体所有制企业(集体企业)
4330	股份制分支机构	190	其他内资企业
4340	股份合作制分支机构	133	股份合作企业
4400	经营单位(非法人)		
4410	国有经营单位(非法人)	131	全民所有制企业(国有企业)
4420	集体经营单位(非法人)	132	集体所有制企业(集体企业)
4500	非公司私营企业		
4530	合伙企业		
4531	普通合伙企业	150	合伙企业
4532	特殊普通合伙企业	150	合伙企业
4533	有限合伙企业	150	合伙企业
4540	个人独资企业	140	个人独资企业
4550	合伙企业分支机构		
4551	普通合伙企业分支机构	150	合伙企业
4552	特殊普通合伙企业分支机构	150	合伙企业
4553	有限合伙企业分支机构	150	合伙企业
4560	个人独资企业分支机构	140	个人独资企业
4600	联营	134	联营企业
4700	股份制企业(非法人)	190	其他内资企业
5000	外商投资企业		
5100	有限责任公司		
5110	有限责任公司(中外合资)	310	外商投资有限责任公司
5120	有限责任公司(中外合作)	310	外商投资有限责任公司
5130	有限责任公司(外商合资)	310	外商投资有限责任公司
5140	有限责任公司(外国自然人独资)	310	外商投资有限责任公司

续表 3

登记注册类型及代码		统计类别及代码	
5150	有限责任公司(外国法人独资)	310	外商投资有限责任公司
5160	有限责任公司(外国非法人经济组织独资)	310	外商投资有限责任公司
5180	有限责任公司(外商投资、非独资)	310	外商投资有限责任公司
5190	其他	310	外商投资有限责任公司
5200	股份有限公司		
5210	股份有限公司(中外合资、未上市)	320	外商投资股份有限公司
5220	股份有限公司(中外合资、上市)	320	外商投资股份有限公司
5230	股份有限公司(外商合资、未上市)	320	外商投资股份有限公司
5240	股份有限公司(外商合资、上市)	320	外商投资股份有限公司
5250	股份有限公司(外商投资、未上市)	320	外商投资股份有限公司
5260	股份有限公司(外商投资、上市)	320	外商投资股份有限公司
5290	其他	320	外商投资股份有限公司
5300	非公司		
5310	非公司外商投资企业(中外合作)	390	其他外商投资企业
5320	非公司外商投资企业(外商合资)	390	其他外商投资企业
5390	其他	390	其他外商投资企业
5400	外商投资合伙企业		
5410	普通合伙企业	330	外商投资合伙企业
5420	特殊普通合伙企业	330	外商投资合伙企业
5430	有限合伙企业	330	外商投资合伙企业
5490	其他	330	外商投资合伙企业
5800	外商投资企业分支机构		
5810	分公司	390	其他外商投资企业
5820	非公司外商投资企业分支机构	390	其他外商投资企业
5830	办事处	390	其他外商投资企业
5840	外商投资合伙企业分支机构	330	外商投资合伙企业
5890	其他	390	其他外商投资企业
6000	港、澳、台投资企业		
6100	有限责任公司		
6110	有限责任公司(港澳台与境内合资)	210	港澳台投资有限责任公司
6120	有限责任公司(港澳台与境内合作)	210	港澳台投资有限责任公司
6130	有限责任公司(港澳台合资)	210	港澳台投资有限责任公司
6140	有限责任公司(港澳台自然人独资)	210	港澳台投资有限责任公司

续表 4

登记注册类型及代码		统计类别及代码	
6150	有限责任公司(港澳台法人独资)	210	港澳台投资有限责任公司
6160	有限责任公司(港澳台非法人经济组织独资)	210	港澳台投资有限责任公司
6170	有限责任公司(港澳台与外国投资者合资)	210	港澳台投资有限责任公司
6180	有限责任公司(港澳台投资、非独资)	210	港澳台投资有限责任公司
6190	其他	210	港澳台投资有限责任公司
6200	股份有限公司		
6210	股份有限公司(港澳台与境内合资、未上市)	220	港澳台投资股份有限公司
6220	股份有限公司(港澳台与境内合资、上市)	220	港澳台投资股份有限公司
6230	股份有限公司(港澳台合资、未上市)	220	港澳台投资股份有限公司
6240	股份有限公司(港澳台合资、上市)	220	港澳台投资股份有限公司
6250	股份有限公司(港澳台与外国投资者合资、未上市)	220	港澳台投资股份有限公司
6260	股份有限公司(港澳台与外国投资者合资、上市)	220	港澳台投资股份有限公司
6270	股份有限公司(港澳台投资、未上市)	220	港澳台投资股份有限公司
6280	股份有限公司(港澳台投资、上市)	220	港澳台投资股份有限公司
6290	其他	220	港澳台投资股份有限公司
6300	非公司		
6310	非公司港、澳、台企业(港澳台与境内合作)	290	其他港澳台投资企业
6320	非公司港、澳、台企业(港澳台合资)	290	其他港澳台投资企业
6390	其他	290	其他港澳台投资企业
6400	港、澳、台投资合伙企业		
6410	普通合伙企业	230	港澳台投资合伙企业
6420	特殊普通合伙企业	230	港澳台投资合伙企业
6430	有限合伙企业	230	港澳台投资合伙企业
6490	其他	230	港澳台投资合伙企业
6800	港、澳、台投资企业分支机构		
6810	分公司	290	其他港澳台投资企业
6820	非公司港、澳、台投资企业分支机构	290	其他港澳台投资企业
6830	办事处	290	其他港澳台投资企业
6840	港、澳、台投资合伙企业分支机构	230	港澳台投资合伙企业
6890	其他	290	其他港澳台投资企业
7000	外国(地区)企业		
7100	外国(地区)公司分支机构		
7110	外国(地区)无限责任公司分支机构	390	其他外商投资企业

续表 5

登记注册类型及代码		统计类别及代码	
7120	外国(地区)有限责任公司分支机构	310	外商投资有限责任公司
7130	外国(地区)股份有限责任公司分支机构	320	外商投资股份有限公司
7190	外国(地区)其他形式公司分支机构	390	其他外商投资企业
7200	外国(地区)企业常驻代表机构	390	其他外商投资企业
7300	外国(地区)企业在中国境内从事经营活动		
7310	分公司	390	其他外商投资企业
7390	其他	390	其他外商投资企业
8000	集团		
8100	内资集团	190	其他内资企业
8500	外资集团	390	其他外商投资企业
9000	其他类型		
9100	农民专业合作社	400	农民专业合作社(联合社)
9200	农民专业合作社分支机构	400	农民专业合作社(联合社)
9500	个体工商户	500	个体工商户
9600	自然人	900	其他市场主体
9900	其他	900	其他市场主体

附录 6

全国经济普查条例

（2004 年 9 月 5 日中华人民共和国国务院令第 415 号公布
根据 2018 年 8 月 11 日《国务院关于修改〈全国经济普查条例〉的决定》修订）

第一章　总　　则

第一条　为了科学、有效地组织实施全国经济普查，保障经济普查数据的准确性和及时性，根据《中华人民共和国统计法》，制定本条例。

第二条　经济普查的目的，是为了全面掌握我国第二产业、第三产业的发展规模、结构和效益等情况，建立健全基本单位名录库及其数据库系统，为研究制定国民经济和社会发展规划，提高决策和管理水平奠定基础。

第三条　经济普查工作按照全国统一领导、部门分工协作、地方分级负责、各方共同参与的原则组织实施。

第四条　国家机关、社会团体、企业事业单位、其他组织和个体经营户应当依照《中华人民共和国统计法》和本条例的规定，积极参与并密切配合经济普查工作。

第五条　各级宣传部门应当充分利用报刊、广播、电视、互联网和户外广告等媒体，认真做好经济普查的社会宣传、动员工作。

第六条　经济普查所需经费，由中央和地方各级人民政府共同负担，并列入相应年度的财政预算，按时拨付，确保到位。

经济普查经费应当统一管理、专款专用，从严控制支出。

第七条　经济普查每 5 年进行一次，标准时点为普查年份的 12 月 31 日。

第二章　经济普查对象、范围和方法

第八条　经济普查对象是在中华人民共和国境内从事第二产业、第三产业活动的全部法人单位、产业活动单位和个体经营户。

第九条　经济普查对象有义务接受经济普查机构和经济普查人员依法进行的调查。

经济普查对象应当如实、按时填报经济普查表，不得虚报、瞒报、拒报和迟报经济普查数据。

经济普查对象应当按照经济普查机构和经济普查人员的要求，及时提供与经济普查有关的资料。

第十条 经济普查的行业范围为第二产业、第三产业所涵盖的行业，具体行业分类依照以国家标准形式公布的《国民经济行业分类》执行。

第十一条 经济普查采用全面调查的方法，但对小微企业和个体经营户的生产经营情况等可以采用抽样调查的方法。

经济普查应当充分利用行政记录等资料。

第三章 经济普查表式、主要内容和标准

第十二条 经济普查按照对象的不同类型，设置法人单位调查表、产业活动单位调查表和个体经营户调查表。

第十三条 经济普查的主要内容包括：单位基本属性、从业人员、财务状况、生产经营情况、生产能力、原材料和能源消耗、科技活动情况等。

第十四条 经济普查采用国家规定的统计分类标准和目录。

第四章 经济普查的组织实施

第十五条 国务院设立经济普查领导小组及其办公室。国务院经济普查领导小组负责经济普查的组织和实施。领导小组办公室设在国家统计局，具体负责经济普查的日常组织和协调。

国务院各有关部门应当各负其责、密切配合，认真做好相关工作。

第十六条 地方各级人民政府设立经济普查领导小组及其办公室，按照国务院经济普查领导小组及其办公室的统一规定和要求，具体组织实施当地的经济普查工作。

街道办事处和居(村)民委员会应当广泛动员和组织社会力量积极参与并认真做好经济普查工作。

第十七条 国务院和地方各级人民政府有关部门设立经济普查机构，负责完成国务院和本级地方人民政府经济普查领导小组办公室指定的经济普查任务。

第十八条 大型企业应当设立经济普查机构，负责本企业经济普查表的填报工作。其他各类法人单位应当指定相关人员负责本单位经济普查表的填报工作。

第十九条 地方各级经济普查机构应当根据工作需要，聘用或者从有关单位

商调普查指导员和普查员。各有关单位应当积极推荐符合条件的人员担任普查指导员和普查员。

普查指导员和普查员应当身体健康、责任心强并具有相应的专业知识。

第二十条　聘用人员应当由当地经济普查机构支付劳动报酬。商调人员的工资由原单位支付，其福利待遇保持不变。

第二十一条　地方各级经济普查机构应当统一对普查指导员和普查员进行业务培训，并经考核合格后颁发普查指导员证或者普查员证。普查指导员和普查员在执行经济普查任务时，应当主动出示证件。

普查员负责组织指导经济普查对象填报经济普查表，普查指导员负责指导、检查普查员的工作。

第二十二条　普查指导员和普查员有权查阅法人单位、产业活动单位和个体经营户与经济普查有关的财务会计、统计和业务核算等相关原始资料及有关经营证件，有权要求经济普查对象改正其经济普查表中不确实的内容。

第二十三条　各级经济普查机构在经济普查准备阶段应当进行单位清查，准确界定经济普查表的种类。

各级编制、民政、税务、市场监管以及其他具有单位设立审批、登记职能的部门，负责向同级经济普查机构提供其审批或者登记的单位资料，并共同做好单位清查工作。

县级经济普查机构以本地区现有基本单位名录库为基础，结合有关部门提供的单位资料，按照经济普查小区逐一核实清查，形成经济普查单位名录。

第二十四条　各级经济普查机构应当按照清查形成的单位名录，做好经济普查数据的采集、审核和上报等工作。

法人单位填报法人单位调查表，并负责组织其下属的产业活动单位填报产业活动单位调查表。

第二十五条　各级经济普查机构和经济普查人员依法独立行使调查、报告、监督的职权，任何单位和个人不得干涉。

各地方、各部门、各单位的领导人对经济普查机构和经济普查人员依法提供的经济普查资料不得自行修改，不得强令或者授意经济普查机构、经济普查人员篡改经济普查资料或者编造虚假数据。

第五章　数据处理和质量控制

第二十六条　经济普查的数据处理工作由县级以上各级经济普查机构组织

实施。

国务院经济普查领导小组办公室负责提供各地方使用的数据处理标准和程序。

地方各级经济普查机构按照国务院经济普查领导小组办公室的统一要求和标准进行数据处理,并上报经济普查数据。

第二十七条 经济普查数据处理结束后,各级经济普查机构应当做好数据备份和数据入库工作,建立健全基本单位名录库及其数据库系统,并强化日常管理和维护更新。

第二十八条 地方各级经济普查机构应当根据国务院经济普查领导小组办公室的统一规定,建立经济普查数据质量控制岗位责任制,并对经济普查实施中的每个环节实行质量控制和检查验收。

第二十九条 国务院经济普查领导小组办公室统一组织经济普查数据的质量抽查工作,抽查结果作为评估全国及各地区经济普查数据质量的主要依据。

各级经济普查机构应当对经济普查的汇总数据进行认真分析和综合评估。

第六章 数据公布、资料管理和开发应用

第三十条 各级经济普查机构应当按照国家规定发布经济普查公报。

地方各级经济普查机构发布经济普查公报应当经上一级经济普查机构核准。

第三十一条 各级经济普查机构应当认真做好经济普查资料的保存、管理和对社会公众提供服务等项工作,并对经济普查资料进行开发和应用。

第三十二条 各级经济普查机构及其工作人员对在经济普查中所知悉的国家秘密和经济普查对象的商业秘密、个人信息,应当依法履行保密义务。

第三十三条 经济普查取得的单位和个人资料,严格限定用于经济普查的目的,不作为任何单位对经济普查对象实施处罚的依据。

第七章 表彰和处罚

第三十四条 对在经济普查工作中贡献突出的先进集体和先进个人,由各级经济普查机构给予表彰和奖励。

第三十五条 地方、部门、单位的领导人自行修改经济普查资料、编造虚假数据或者强令、授意经济普查机构、经济普查人员篡改经济普查资料或者编造虚假数据的,依法给予处分,并由县级以上人民政府统计机构予以通报。

经济普查人员参与篡改经济普查资料、编造虚假数据的，由县级以上人民政府统计机构责令改正，依法给予处分，或者建议有关部门、单位依法给予处分。

第三十六条 经济普查对象（个体经营户除外）有下列行为之一的，由县级以上人民政府统计机构责令改正，给予警告，可以予以通报；其直接负责的主管人员和其他直接责任人员属于国家工作人员的，依法给予处分：

（一）拒绝或者妨碍接受经济普查机构、经济普查人员依法进行的调查的；

（二）提供虚假或者不完整的经济普查资料的；

（三）未按时提供与经济普查有关的资料，经催报后仍未提供的。

企业事业单位或者其他组织有前款所列行为之一的，可以并处 5 万元以下的罚款；情节严重的，并处 5 万元以上 20 万元以下的罚款。

个体经营户有本条第一款所列行为之一的，由县级以上人民政府统计机构责令改正，给予警告，可以并处 1 万元以下的罚款。

第三十七条 各级经济普查机构应当设立举报电话，接受社会各界对经济普查中单位和个人违法行为的检举和监督，并对举报有功人员给予奖励。

第八章 附 则

第三十八条 本条例自公布之日起施行。